NOTICE

SUR LA VIE ET LES TRAVAUX

DE

M. AMBROISE FIRMIN-DIDOT

MEMBRE LIBRE DE L'ACADÉMIE DES INSCRIPTIONS ET BELLES-LETTRES

PAR

M. H. WALLON

SECRÉTAIRE PERPÉTUEL DE L'ACADÉMIE

LUE

A L'INSTITUT DE FRANCE

DANS LA SÉANCE PUBLIQUE ANNUELLE

DU 19 NOVEMBRE 1886

———

PARIS
TYPOGRAPHIE DE FIRMIN-DIDOT ET Cⁱᵉ
IMPRIMEURS DE L'INSTITUT, 56, RUE JACOB
—
1886

AMBROISE FIRMIN-DIDOT

1790-1876

NOTICE

SUR LA VIE ET LES TRAVAUX

DE

M. AMBROISE FIRMIN-DIDOT

MEMBRE LIBRE DE L'ACADÉMIE DES INSCRIPTIONS ET BELLES-LETTRES

PAR

M. H. WALLON
SECRÉTAIRE PERPÉTUEL DE L'ACADÉMIE

LUE

A L'INSTITUT DE FRANCE

DANS LA SÉANCE PUBLIQUE ANNUELLE

DU 19 NOVEMBRE 1886

PARIS
TYPOGRAPHIE DE FIRMIN-DIDOT ET Cie
IMPRIMEURS DE L'INSTITUT, 56, RUE JACOB

1886

Ambroise Firmin-Didot, le confrère dont je voudrais honorer aujourd'hui la mémoire, est à la quatrième génération de cette dynastie qui, heureusement, n'est pas près de finir. Le chef de la maison, François Didot, né à Paris, il y a près de deux siècles, en 1689, de Denys Didot, marchand, épousa la fille du libraire Ravenel (1). Libraire lui-même en 1713, à la *Bible d'or* (2), imprimeur en 1754, il fut l'ami et l'éditeur de l'abbé Prévost. De ses nombreux enfants, deux fils, François-Ambroise et Pierre-François, suivirent la même carrière ; deux filles épousèrent deux libraires renommés : Guillaume de Bure et Jacques Barrois. Si j'avais à faire l'histoire de cette maison, je ne saurais omettre le second des deux frères, Pierre-François Didot (1732-1793), qui s'est fait une si grande place dans l'industrie du livre : belles éditions, fonte de caractères perfectionnés, papeterie même ; il suffit de nommer la papeterie d'Essonne à laquelle il associa son

---

et a été revu par lui. Les articles *Didot* du *Grand Dictionnaire du XIXe siècle* (par Pierre LAROUSSE) n'en sont, et l'éditeur le déclare, qu'une reproduction. Les auteurs de notices publiées après la mort de notre confrère y ont puisé de même, tout en y ajoutant leurs renseignements particuliers. Nommons, entre plusieurs autres, M. le marquis de QUEUX DE SAINT-HILAIRE, *Notice sur les services rendus à la Grèce et aux études grecques par M. Ambroise Firmin-Didot*, lue à la séance générale de l'Association pour l'encouragement des études grecques en France, le 20 avril 1876, et reproduite avec quelques coupures dans la *Revue bleue* (15 juillet 1876); MM. Jules DELALAIN, dans le *Journal général de l'imprimerie et de la librairie* (11 mars); Alfred FRANKLIN, dans le *Bulletin du Bouquiniste* (1er mars); Paul DALLOZ, dans le *Moniteur universel* (24 février 1876); AUBÉ, dans le *Journal officiel* (25 février); Adolphe VIOLLET-LE-DUC, dans les *Débats* (26 février); Francisque SARCEY, dans le *XIXe Siècle* (26 février).

(1) Une sœur de son père fut mariée à J.-N. Nyon, dont la maison subsiste encore quai Conti.

(2) La librairie, établie rue Pavée-Saint-André-des-Arts, fut transférée au quai des Grands-Augustins.

Messieurs,

Les arts, dans leurs multiples applications à l'industrie, sont exposés à déroger quelquefois au principe élevé d'où ils dérivent; et l'imprimerie, forcée de satisfaire à des besoins de plus en plus nombreux et divers, peut souvent se réduire à la partie toute matérielle du métier. Mais l'imprimeur est originairement un artiste; l'imprimeur ne peut non plus rester étranger aux œuvres de l'esprit qu'il publie; les imprimeurs célèbres ont été des érudits et des lettrés. Sans sortir de la France, nous en pouvons donner deux grands exemples : la famille des Estienne qui a présidé chez nous aux premiers développements de l'imprimerie, et la famille des Didot qui a pris une part si considérable aux progrès accomplis par elle de nos jours (1).

---

(1) Avec les articles *Didot* dans la *Biographie générale*, où ils ont une valeur exceptionnelle, il faut citer en première ligne les *Études bibliographiques sur la famille des Didot, imprimeurs, libraires, graveurs, fondeurs de caractères, fabricants de papier*, etc. (1713-1864), par Edmond WERDET, ancien libraire-éditeur : ce morceau a été publié du vivant de M. A. Firmin-Didot,

gendre Bernardin de Saint-Pierre et que la Convention mit en réquisition pour le papier des lois (1); je n'oublierais pas non plus ses trois fils qui se distinguèrent aussi dans les diverses branches de la profession paternelle (2); mais je dois me borner à la branche aînée d'où notre confrère est issu et, pour cette branche même, me réduire aux indications les plus sommaires des titres qui sont l'héritage de sa maison.

François-Ambroise inventa les points typographiques (3); il eut deux fils, qu'on ne peut séparer, Pierre et Firmin, dont un imprimeur distingué de notre temps a dit : « Pierre et Firmin Didot, imprimeurs, graveurs et fondeurs en caractères, préludèrent par des productions littéraires à

(1) On trouve à ce propos cette pièce dans les cartons du Comité de Salut public :
« 18 floréal an II. — Les représ. membres du comité des inspecteurs de la Convention, à la Convention.
« Nous vous adressons le citoyen Didot qui va vous exposer la demande sur laquelle nous vous invitons à faire droit le plus promptement possible, parce que nous avons mis sa papeterie d'Essonne en réquisition pour la fabrication du papier des lois. (*Archives nationales*, AF II, carton 157, floréal an II, pièce 135.)

(2) Henri Didot, qui créa le caractère microscopique ; Didot-Saint-Léger, qui fabriqua le papier sans fin à la papeterie d'Essonne, et Didot jeune, à qui l'on doit la belle édition in-4° du *Jeune Anacharsis*. (WERDET, p. 13-15.)

(3) Cette invention établit l'ordre et la clarté dans une matière où régnait jusque-là la plus grande confusion. Voici la définition qu'en a donnée Pierre Didot, fils de l'inventeur :
« La ligne de pied de roi, divisée en six mesures égales, servit à graduer et à dénommer les différents caractères.
« Le plus petit, qui a les six mesures complètes, ou la ligne de pied de roi, se nomme le six; celui qui le suit immédiatement est le sept, composé d'une ligne et d'une mesure de plus. Le huit, le neuf, le dix, le onze, le douze, augmentent également de grosseur suivant des mesures aussi précises.
« Le douze a donc deux lignes de pied de roi, etc. » (Voy. WERDET, p. 9.)

l'exercice d'un art que vingt ans plus tard, par la plus noble rivalité, ils devaient porter à la dernière perfection (1). »

Pierre, l'aîné, termina la belle édition des classiques latins et français *ad usum Delphini*, commencée par son père sur l'ordre du roi. Il n'y eut bientôt plus ni roi ni dauphin, et l'on entrait dans une période où l'on imprima beaucoup, mais toute autre chose que de beaux livres. Le temps des beaux livres revint et Firmin Didot en hâta l'avènement. Dès 1795, il avait conçu le plan de sa belle collection de classiques in-folio. Établi par le ministre de l'intérieur au Louvre (1797), dans le lieu que l'Imprimerie royale avait occupé, il y imprima le *Virgile*, l'*Horace*, le *Racine*. — le *Racine* que le jury de l'Exposition de 1801 proclama la plus parfaite production typographique de tous les pays et de tous les âges. Pour ces grandes publications, Pierre Didot avait eu le concours des plus éminents artistes contemporains, Gérard, Girodet, Prudhon, etc. Il avait été secondé aussi dans la gravure et la fonte des caractères par son frère Firmin Didot, qui fut le continuateur de la maison.

Firmin Didot a pour titre principal l'invention de la stéréotypie. L'emploi des caractères mobiles avait été un immense progrès; l'immobilisation des caractères en fut un autre, car en fixant les planches composées en caractères mobiles et dûment corrigées, on arrivait à donner aux livres classiques le double avantage du bon marché et de l'absolue correction. Comme son frère Pierre, Firmin Didot fut un littérateur, un poète même. Élu député sous la Restauration, il défendit dans la Chambre les intérêts

(1) G.-A. CRAPELET, *Des Maîtres imprimeurs*, cité par M. Werdet, p. 16

de la librairie. Il les sut défendre encore lorsqu'après la Révolution de 1830, Dupont de l'Eure lui offrit la direction de l'Imprimerie royale. Il déclara qu'il ne l'accepterait que pour faire de l'Imprimerie royale un établissement modèle, comme Sèvres et les Gobelins, et rendre à l'industrie privée tout ce qu'on peut lui donner sans compromettre la sécurité du gouvernement (1).

Firmin Didot eut trois fils : Ambroise Firmin-Didot, notre confrère, Hyacinthe et Frédéric.

J'arrive au cœur de mon sujet.

Ambroise Firmin-Didot se trouva, dès son enfance, en relation avec les érudits et principalement les hellénistes les plus célèbres. Il reçut d'abord des leçons de Boissonade, puis il entra dans le pensionnat où Thurot avait réuni les maîtres les plus distingués; et il acheva de se former à la connaissance du grec dans la société non pas seulement d'un helléniste, mais d'un Hellène, Coray. Coray, qui, par patriotisme, avait quitté sa patrie, travaillant sur la terre étrangère aux moyens de la régénérer pour arriver à l'affranchir, Coray ne gagnait pas grand'chose à ce métier. Il vivait pauvrement et il aurait bien pu chercher dans des leçons quelque ressource. Je ne sais quel sentiment exagéré de dignité le retenait. Il accepta le jeune Didot non comme élève, mais comme secrétaire, à la condition que de part ni d'autre il ne serait question d'argent : il ne voulait pas en recevoir, et, ne pouvant pas en donner, payait en leçons les services qu'il attendait de son

---

(1) Voyez la lettre citée par M. Edm. WERDET, p. 28, et une lettre qu'après une autre révolution Ambroise Firmin-Didot, son fils, écrivit au *Journal des Débats* (28 mai 1848), pour décliner, en raison des mêmes motifs, toute candidature à la direction du même établissement. (*Ibid.*)

jeune collaborateur (1). Les progrès d'Ambroise Didot furent rapides sous un tel maître. Mais Coray ne lui avait pas seulement fait aimer le grec; il lui avait communiqué l'amour de la Grèce et ce sentiment eut bientôt l'occasion de prendre tout son essor.

La paix avait rétabli la liberté des mers. Après un premier voyage en Angleterre, voyage d'affaires qui valut à la France l'introduction de la presse en fonte, inventée par lord Stanhope, le jeune Didot obtint de son père la permission d'en faire un autre qui était l'objet de tous ses vœux. Il allait voir la Grèce et cette partie de l'Orient où la Grèce porta sa civilisation, mais, où, hélas! on ne trouvait plus alors que la barbarie turque.

Il partit en 1816, comme attaché à l'ambassade que le duc de Richelieu envoyait au Grand Seigneur. Les notes qu'il rédigea rapidement et fit imprimer en partie pour quelques amis sont une peinture fidèle des sentiments qui l'animaient : vif enthousiasme pour le pays d'Homère et répulsion égale pour le despote dont le joug opprimait cette noble race. Il les dédie à Coray qui lui a inspiré l'envie de voir et de servir sa patrie, et le grand patriote, qui ne vivait que pour la Grèce, put se dire qu'en donnant une partie de ses veilles à un pareil disciple, il n'en avait pas frustré son pays.

Ambroise Didot s'embarqua avec le marquis de Rivière, l'ambassadeur, sur la *Galatée*, nom de favorable augure, et, dès les rivages de la Sicile, il vogue, si je puis dire, dans les eaux d'Homère. Le voilà entre Charybde et Scylla, un peu surpris pourtant de ne trouver, dans ce

(1) Voy. Letronne, *Journal des Savants*, 1839, p. 730.

passage redouté, ni les gouffres inévitables, ni les chiens aboyants. Mais c'est aux abords de la Grèce que son imagination s'éveille et que le désenchantement va suivre. Le 15 mai, il est sur le tillac, attendant l'aurore pour saluer le premier la terre de Grèce; elle est proche, il la voit : « Nous avions, dit-il, devant nous l'île de Cythère, et la frégate, poussée par un vent favorable, fendait rapidement les ondes, entourée de cette écume d'une blancheur éblouissante qui donna jadis le jour à Vénus (1). »

Vaine illusion! Où trouver le brillant cortège de la déesse, les ris, les jeux et les amours, dans les régions occupées par les Turcs? Est-ce bien là le pays de ses poètes préférés, et les anciens Hellènes en compagnie desquels il aimait à se figurer qu'il faisait ce voyage y auraient-ils reconnu leur patrie? « De quelle stupeur n'auraient-ils pas été frappés, dit-il, lorsque des plages arides, des roches pelées, quelques masures éparses auraient frappé leurs yeux? C'est le sentiment pénible que j'éprouvai : plus nous approchions des côtes, plus elles paraissaient arides et sauvages, surtout celles de Cythère, dont on voyait que la déesse avait depuis longtemps abandonné le séjour. »

Il adresse un adieu à ce charmant et poétique passé, bien évanoui : « Nous saluâmes l'île de Cythère, auprès de laquelle nous nous trouvions, en récitant à haute voix l'invocation du poème de Lucrèce »; et le souvenir payen ne l'a pas quitté encore lorsqu'il ajoute : « Le soleil venait de se coucher, le tambour annonçait la prière et prosternés devant le lieu de la naissance de Vénus, vers l'endroit où

---

(1) *Notes d'un voyage fait dans le Levant*, p. 21.

elle avait son temple, nous priâmes la vierge protectrice des navigateurs, *Regina protectrix navigantium*, de guider heureusement notre course vers l'empire de Mahomet (1). »

Les îles de l'Archipel lui offrirent le même spectacle de dévastation :

« Strabon, dit-il, rapporte que Persée, abordant à Sériphos, pétrifia les habitants inhospitaliers de cette île, en leur présentant la tête de la Gorgone, ce qui rendit toute pierreuse cette île fertile auparavant; nous la trouvâmes encore dans le même état. Cette allégorie ne saurait mieux s'appliquer qu'au despotisme turc qui a produit maintenant un semblable effet sur presque toutes les îles et sur les belles contrées soumises à sa domination; partout les bois, la culture, la civilisation a disparu, et au lieu d'apparaître au nautonier comme des fleurs semées au milieu de la mer pour réjouir sa vue, des roches arides, ne conservant plus que le squelette de ces îles, lui présentent de toutes parts des écueils redoutables et inhospitaliers » (p. 27) (2).

(1) Cette scène de l'invocation à Vénus lui est rappelée dans une lettre de son jeune compagnon de voyage, A. de Beaurepaire, qui lui écrit de Pera le 25 janvier 1818 :

« Non, mon cher compagnon de voyage, je n'oublierai pas notre invocation à Vénus, prononcée en commun à la vue de Cythère, mais pour m'en souvenir, je n'ai pas besoin de revoir les côtes arides du triste Cerygue... J'espère que la déesse Vénus n'oubliera pas non plus notre hommage... et si elle est encore bonne personne, comme par le passé, elle devra, en conscience, par souvenir de notre récitatif, combler de ses plus douces faveurs les futures compagnes de nos jours. (*Correspondance inédite* de M. A. FIRMIN-DIDOT.)

(2) En quelques lieux pourtant, il le reconnaît malgré ses justes préventions, la nature triomphe encore de la barbarie :

« Lorsque nous fûmes plus avancés entre ces deux îles (Cythnos ou Ther-

Autre déception en ce qui touche les habitants. Il avait résolu, avec ses compagnons, d'aller voir « les champs où fut Troie » ; ils débarquent à Ténédos ; c'était à qui toucherait le premier le rivage : « Les habitants, dit notre jeune voyageur, durent nous croire échappés à quelque grand naufrage, en voyant la joie dont nous étions transportés. — Ces habitants, c'étaient des Turcs, sans doute! Mais en voici d'autres : poussant plus loin, « nous rencontrâmes, continue-t-il, dans les champs trois Grecs à qui je demandai s'ils connaissaient Homère, et je leur en présentai l'exemplaire que je portais avec moi ; mais aucun d'eux ne savait lire » (p. 36).

La plaine de Troie, les pentes de l'Ida, et le Simoïs, et le Scamandre, ce fleuve fameux que l'armée de Xerxès, nous dit Hérodote, but tout en entier, — moyen pratique de le passer à pieds secs, — et la colline où l'on soupçonnait l'ancien emplacement d'Ilion, et le tumulus où Alexandre vénéra le tombeau d'Achille, tous ces lieux épiques reçurent, pendant cette trop courte descente, la visite de nos jeunes hellénisants. Pour mieux honorer Achille, Ambroise Didot s'était proposé de lire le récit de ses exploits sur sa tombe, et il s'était muni d'Homère. Par malheur (et nous retrouvons ici déjà l'homme un peu distrait que nous avons connu), au lieu de l'*Iliade*, il avait pris l'*Odyssée* (1).

Dans ce voyage, il ne visita pas seulement Constanti-

---

mia et Céos ou Zéa), les terres étaient si rapprochées autour de nous que la mer nous semblait une plaine unie et verdoyante, fermée de toutes parts par des montagnes et des collines. » (P. 28.)

(1) Il revit les plaines de Troie à son retour de Constantinople, et il eut l'occasion de signaler, à l'extrémité du lieu appelé *Pergama*, un débris de mur cyclopéen de 5 mètres de long, que Choiseul-Gouffier n'avait pas connu. (*Ibid.*, p. 122.)

nople et l'Asie Mineure; il parcourut aussi l'Égypte et la Palestine, plus en curieux, il faut le dire, qu'en antiquaire et en chrétien. En Égypte, il ne remonte pas le Nil plus haut que le Caire, et en Palestine il semble se défendre des impressions qui réveillent en lui les souvenirs d'une éducation religieuse (*Notes d'un voyage,* p. 244 ; *cf.* p. 262).

Ces notes ne sont pas assurément pour un voyageur un guide à consulter aujourd'hui : bien des choses ont changé d'aspect comme de régime ; et pourtant ce tableau pris sur le vif n'en a pas moins un réel intérêt. Il y a dans ces peintures des traits qui sont toujours vrais, plusieurs reproduits de main d'artiste : par exemple, ce passage sur les femmes égyptiennes : « Lorsqu'on rencontre des femmes égyptiennes dans les rues d'Alexandrie, enveloppées de la tête aux pieds d'une grande draperie noire, brune, blanche ou jaunâtre, on croit voir les momies d'Égypte se promenant couvertes de leurs linceuls » ; et cet autre sur les Arabes : « Leurs burnouschs blancs étaient drapés comme dans les statues antiques ; généralement, soit par la nature de l'étoffe, soit par un goût particulier, presque tous les Arabes, ceux même qui n'ont que des lambeaux, les ajustent avec noblesse. »

Cette visite à l'Égypte et à la Palestine n'était point pour le jeune attaché comme un adieu à l'Orient. Il voulait voir les îles et les provinces de la Grèce, à commencer par les îles et les rivages de l'Asie Mineure, et en quittant la Syrie, il aborde successivement, comme par une sorte de cabotage, l'île de Chypre, Rhodes, Cos, Chio, Lesbos, retenu quelquefois par les vents, plus qu'on ne se l'était proposé, mais pas plus qu'il ne convenait à son désir de voir et de connaître. Il décrit les lieux, observe les coutumes et les mœurs, sans négliger les inscriptions qu'il copie, laissant à d'autres ou à d'autres temps le soin d'y joindre un commentaire. Il allait faire un séjour plus prolongé à Cydonie, ville jadis située dans une des Hécatonnèses, transportée depuis sur le continent, et qui, grâce à une certaine indépendance dont elle était redevable à des incidents assez étranges, avait attiré des Grecs du Péloponèse : toujours grecque sous le nom turc d'Aivali (1), et augmentant de jour en jour sa prospérité.

Cet épisode, qui termine la partie imprimée des *Notes d'un voyage*, a un intérêt tout particulier. Il nous fait assister au réveil de la Grèce et nous montre comment, sur ce rivage même de l'Asie, qui sera, selon toute apparence, le dernier lambeau d'empire laissé aux Turcs, on travaillait à l'affranchissement de la race hellénique. C'est par l'éducation, c'est par l'étude des monuments de l'ancienne Grèce que l'on s'y préparait. Cydonie avait un gymnase qui renfermait un grand nombre d'élèves et avait fourni déjà des professeurs aux villes du voisinage. Ambroise Didot s'y présentait avec une lettre de Coray, adressée à l'un des maîtres de ce collège, et ce fut sous le bénéfice de cette recommandation qu'il en partagea les exercices pendant deux mois. Sa résidence en ce lieu ne fut pas inutile à la cause dont lui, Français, ne souhaitait pas le succès moins que les autres : « Je trouvai, dit-il, parmi cette petite colonie de jeunes Grecs instruits, un assez grand nombre d'élèves, qui, à ma demande, entreprirent d'abandonner dans leur conversation le grec vulgaire, pour faire revivre dans l'enceinte du collège la langue de Démosthène et de Platon.

(1) Nom qui veut dire la même chose (le coing, fruit du cognassier).

L'enthousiasme que causa la loi que nous décrétâmes s'étendit même jusqu'aux noms vulgaires de Jean, de George, de Petit-Jean et d'Hilarion qui furent transformés en ceux de Xénophon, d'Aristide, de Thémistocle et d'Épaminondas, sans trop réfléchir au respect et aux devoirs qu'imposent de pareils noms » (p. 385). Et lui-même, voyageur étranger, sinon barbare, sur cette terre, avait pris le nom d'Anacharsis : il signe ainsi avec les autres le décret ou considérants (ψήφισμα) et la loi (νόμος) rédigés en fort bon grec et reproduits dans son livre (p. 386). « J'ai appris, ajoute-t-il, depuis mon retour, avec un vif plaisir, que notre petite société observait encore entre elle l'habitude de parler le grec ancien et qu'elle était restée fidèle au serment que chacun fit à mon départ, d'observer notre loi jusqu'à mon retour. »

Jusqu'à mon retour! Lycurgue n'avait pas fait autrement quand il donna ses lois à Sparte.

M. Didot n'y revint pas ; et, au moment où il rassemblait ses notes de voyage, il apprenait que le collège et la ville même avaient péri dans les premiers revers de l'insurrection (15 juin 1821) (1).

En quittant Cydonie, notre jeune *Anacharsis* prit son chemin, tout à loisir cette fois, par la Grèce continentale. Monté sur un vaisseau d'Hydra, il débarqua au Pirée et visita les monuments d'Athènes avec Fauvel pour guide ; il parcourut ensuite la Morée, s'arrêtant aux ruines de Tirynthe et de Mycènes, et ne laissant pas que de rendre hommage à la beauté de la nature en Messénie comme dans la riante vallée de l'Eurotas : M. Pouqueville lui

---

(1) Mis de Queux de Saint-Hilaire, p. 19, et *Revue bleue*, 1876, p. 53.

emprunta pour son *Voyage en Grèce* l'itinéraire de Tripolitza à Olympie en passant par la Laconie (1), pages charmantes qui font regretter le reste; car ce sont les seules qui soient imprimées. Il continua sa route par les îles Ioniennes qui étaient sous le protectorat de l'Angleterre, protectorat préférable sans doute à la domination turque; mais notre jeune observateur put constater déjà combien ces grands colonisateurs sont peu habiles à faire goûter les bienfaits de leur civilisation. Il se détourna un peu de son chemin pour visiter Ithaque. Il vit « le château d'Ulysse », la fontaine Aréthuse, et à côté la pierre du Corbeau, où Euméc reconnut son maître :

Πὰρ κόρακος πέτρῃ ἐπί τε κρήνῃ Ἀρεθούσῃς.

« On ne pouvait, dit-il, mieux préciser l'endroit »; et sans crainte de faire sourire ceux qui agitaient alors la question homérique : « C'est en voyageant dans la Grèce, ajoute-t-il, que l'on reconnaît partout l'exactitude d'Homère, même dans les détails les plus minutieux, et qu'on doit être convaincu que si ce grand poète fut aveugle, ce ne put être que dans un âge avancé » (p. 342) (2).

(1) Chapitres 144 et 145. Cette visite à la Grèce lui fait plus aimer et exalter encore les qualités de la population, son patriotisme et, par exemple, « l'amour des habitants d'Hydra pour des rochers incultes et presque inhabitables, aussi affreux que le nom même qu'ils portent (ὕδρα, hydre, serpent). La plupart des voyageurs qui parcourent la Grèce actuelle pour y chercher l'antique Grèce, continue-t-il, ne savent la retrouver que dans les marbres brisés qui leur rappellent d'antiques souvenirs; ils n'ont pas voulu voir dans la nation qui survit à ces ruines les descendants de ces antiques Grecs, dont ils ont cependant conservé la langue, une grande partie des usages et même le caractère que l'on retrouve encore partout où le joug ottoman ne s'est pas trop longtemps appesanti. » (*Notes manuscrites*, f° 200.)

(2) D'Ithaque, voulant aller à Naples, il fit voile pour Ancône afin d'éviter

Revenu en France par l'Italie (1), il ne pouvait rester indifférent à ce mouvement national dont il avait vu les symptômes et qu'il appelait de ses vœux : et toutefois il ne se dissimulait pas combien la Grèce y était mal préparée (2) ; les Hellènes qui aspiraient le plus vivement à l'indépendance de leur patrie, les Coray, les Mourouzi, les Mavrocor-

les brigands en Calabre : c'est sur la route de Rome à Naples qu'il en fit la rencontre : « Si je ne fus pas attaqué, dit-il, j'attribue ce bonheur à ce que j'étais seul dans une calèche avec un prêtre dont ils savent que le bagage ne vaut pas grand'chose, et mon costume de voyage n'était pas fait pour tenter leur cupidité » (f° 271). — Si l'on imprimait la suite de son voyage, on y trouverait de curieux détails sur l'Italie comme sur la Grèce. Il n'en a rien voulu faire. Nous l'imiterons.

(1) « On aurait pu craindre qu'attaché à l'ambassade de Constantinople, Ambroise Didot ne continuât sa carrière dans la diplomatie. Son père, dans une lettre pressante, le mit en garde contre cette tentation : « Non, jamais, lui dit-il dans cette lettre, jamais tu ne renonceras à la typographie, puisque c'est à elle que notre famille doit une considération qu'il faut non seulement maintenir, mais accroître, en n'oubliant jamais que la considération attachée à un art diminue dès l'instant qu'il ne fait plus de progrès.

« Je vois avec plaisir que tu désires, à ton retour, t'occuper de la gravure des caractères orientaux. Nous n'examinerons pas si ce travail doit nous être avantageux sous le rapport du commerce, il suffit sans doute qu'il puisse te faire honneur sous le rapport de l'art, et continuer à augmenter ton goût pour l'étude des langues savantes. »

Et plus loin :

« Toi-même, tu te souviendras un jour que, lorsque tu travaillais auprès de ton père, les écrits d'Homère, de Sophocle, de Théocrite, de Virgile, d'Horace, disputaient la place à nos burins et à nos travaux commencés ; tu te rappelleras, non sans quelques douloureux souvenirs, qu'en répétant les vers divins d'Homère, soit dans le morceau de Priam aux pieds d'Achille, soit dans les adieux d'Hector et d'Andromaque, ou de Sophocle, dans ceux d'Ajax à son jeune fils, des larmes d'attendrissement tombaient quelquefois sur ces types, qui, depuis, nous ont fait quelque honneur. (*Famille Firmin-Didot*, p. 11.)

(2) Il en accuse le despotisme des Turcs, il en accuse aussi « l'injustice de l'Europe qui, dans sa coupable indifférence », l'avait laissée « succomber sous la férocité des Scythes et maintenue si longtemps dans un esclavage, opprobre du monde civilisé. »

datos, le sentaient bien aussi et ne songeaient qu'à régénérer, avant tout, leurs compatriotes par l'instruction publique.

La Grèce n'attendit pas jusque-là; et ce fut pour ses plus ardents amis une surprise, mêlée de crainte. Coray trouvait que l'insurrection arrivait trente ans trop tôt. Mais ceux qui étaient sur les lieux ne pouvaient pas se soumettre aux calculs d'une telle politique. Trente ans ! c'était ajourner l'affranchissement à la génération suivante. Cela était bon en théorie ; ceux qui souffraient du joug ne pouvaient avoir qu'une pensée : le secouer à tout prix (1).

La Grèce n'aurait pu soutenir seule le poids de la puissance des Turcs, fort grande encore alors. Mais la Chrétienté, qui avait fait les Croisades et qui depuis avait eu si longtemps à lutter pour contenir les nouveaux maîtres de Constantinople aux portes de l'Occident, serait-elle insensible à l'extermination de ce petit peuple? Le cri d'une race qui avait légué sa civilisation à l'Europe pouvait-il ne pas être entendu ? Si les mêmes jalousies qui avaient plus d'une fois favorisé les progrès de l'Empire ottoman arrêtaient encore les résolutions des cabinets, les peuples devaient céder à un mouvement plus généreux. M. A. Firmin-Didot, qui venait de visiter les populations opprimées, qui avait partagé leur impatience du joug et les aspirations de leur jeunesse, se mit à la tête de cette agitation européenne. L'appel qu'il fit, en trois pages, pour une *souscription française* en faveur des Grecs, en donna le signal : « Qu'ont fait, y disait-il, les mahométans depuis la conquête pour qu'on oubliât que

---

(1) Voir la lettre de Coray, citée par le marquis DE QUEUX DE SAINT-HILAIRE, dans la *Revue bleue*, p. 52.

l'abus de la force est le seul droit qu'ils aient acquis sur ces heureuses contrées? La cause des Grecs est celle de l'humanité, des Lettres, du christianisme et de la liberté : c'est la cause de la civilisation contre la barbarie. » Il rappelait ces paroles de Fénelon qui, ayant eu la pensée de se consacrer aux missions du Levant, évoquait l'image d'une Grèce libre :

> La Grèce entière s'ouvre à moi, le sultan effrayé recule ; déjà le Péloponèse respire en liberté et l'Église de Corinthe va refleurir ; la voix de l'Apôtre s'y fera encore entendre ; je me sens transporté dans ces beaux lieux et parmi ces ruines précieuses, pour y recueillir, avec les plus curieux monuments, l'esprit même de l'antiquité.

Et cet esprit, le doux auteur de *Télémaque* ne le retrouvait-il pas déjà lorsqu'il ajoutait :

> Quand est-ce que le sang des Turcs se mêlera avec celui des Perses sur les plaines de Marathon, pour laisser la Grèce entière à la religion, à la philosophie et aux beaux-arts qui la regardent comme leur patrie?

L'heure en était venue, et il ne s'agissait plus de mission pacifique : le glaive était tiré. Il fallait soutenir les combattants. Un comité se forma, qui réunit les noms les plus éminents des Lettres françaises et de la politique : Chateaubriand, Choiseul, Dalberg, Benjamin Delessert, Fitz-James, Harcourt, Alexandre de Lameth, Alexandre de la Borde, La Rochefoucault-Liancourt, Lasteyrie, Saint-Aulaire, Sébastiani, baron de Staël, Villemain. Ambroise Firmin-Didot y figurait comme secrétaire (1) et il en fut un

---

(1) Burnouf le père le prenait comme intermédiaire auprès de Coray, afin d'obtenir des lettres de recommandation pour des jeunes gens qui voulaient mettre leurs bras au service de la Grèce. (1ᵉʳ mai 1826. *Correspondance inédite* de M. A. F.-DIDOT.)

des membres les plus actifs : la preuve en est dans les lettres qu'il a gardées, lettres des philhellènes ses collègues, lettres aussi de plusieurs des chefs de l'insurrection, de Demetrius Ypsilantis, de Canaris, etc. (1). Des secours purent être ainsi assurés aux populations qui luttaient contre des masses écrasantes avec une énergie redoublée même par les revers; ils lui donnèrent les moyens de se relever, de rester debout jusqu'au moment où l'alliance de la France, de l'Angleterre et de la Russie consacra, ne

(1) Le duc d'Harcourt lui écrivait le 13 septembre 1825 :

« Mon cher collègue,

« Vous êtes bien aimable d'avoir pensé à moi, je vous remercie extrêmement de votre souvenir et de votre obligeance. Tout ce qui a rapport à la cause des Grecs m'intéresse, comme vous, et nous trouverons en nous-même notre récompense d'avoir écouté le cri de l'humanité; mais je vois avec peine, par la tournure que prennent les affaires, que nous aurons bien de la peine, dans tout ceci, à obtenir des résultats qui aient quelque valeur et qui puissent honorer notre pays C'était là notre principal but; mais on a trop de désavantage quand non seulement on n'est point aidé par le gouvernement, mais qu'il cherche à vous contrecarrer, et les moyens ne lui manquent guère. Nous manquons une belle occasion. L'Angleterre en profite, c'est tout simple; dans notre pays livré aux petites intrigues, à l'égoïsme et à l'individualité, on n'a guère le temps d'aller faire de l'honneur pour son pays à mille lieues de Paris. Il faut convenir cependant que les malheureux Grecs parlent bien autant au cœur et à l'imagination que les noirs de Saint-Domingue qui vivaient bien tranquillement de leurs rentes et n'étaient égorgés par personne. Il faut gémir des idées mesquines qui nous régissent, et attendre mieux.

« J'espère, mon cher collègue, vous revoir à la fin de ce mois, ce sera un vrai plaisir pour moi; je vous remercierai moi-même de votre amabilité, et vous renouvellerai l'assurance de tous mes sentiments les plus distingués.

« HARCOURT.

« Ce 13 septembre. »

(*Correspondance inédite* de M. DIDOT.)

disons plus l'insurrection, mais la résurrection de la Grèce par la victoire de Navarin (20 octobre 1827) (1).

C'est au cours de cette lutte, en 1826, que M. Didot avait publié ses *Notes d'un voyage fait dans le Levant*. Dans une lettre demeurée inédite, M. Villemain, son collègue au comité grec, en a fait ressortir tout le mérite littéraire (2). Mais ce livre n'était pas seulement une œuvre de

(1) Ambroise Didot avait contribué autrement que par son appel au public et par sa souscription particulière au succès de la lutte. Il y avait, dès avant le commencement des hostilités, associé en quelque sorte la maison de son père, en fournissant aux Grecs les armes puissantes que la presse peut mettre au service d'une grande cause. A son passage par Chios, il avait recueilli des amis de Coray le vœu d'établir une imprimerie dans cette île, et il y avait fait envoyer tout un matériel, une collection complète de caractères grecs. Il n'avait pas fait moins pour Cydonie. Un des élèves du collège vint en France, et admis dans les ateliers de son ancien camarade, il y apprit la gravure des poinçons, la fonte des caractères et tous les détails de l'art de composer et d'imprimer. Cydonie n'en profita guère, il est vrai : le jeune Cydonien n'était rentré dans sa patrie que pour voir les rigueurs de la répression s'étendre aux villes du littoral asiatique. Mais échappé au massacre, il se rendit dans le Péloponèse, où il mit sa presse au service du gouvernement insurrectionnel, pour imprimer les bulletins de la guerre, et quand arriva en 1824 la nouvelle imprimerie mise par la maison Didot à la disposition de la Grèce, il eut l'honneur de la faire servir à imprimer le premier journal du peuple affranchi, l'*Ami de la Loi*, Ὁ Φίλος τοῦ Νόμου. Établie d'abord à Hydra, cette imprimerie fut transférée ensuite à Nauplie. (Marquis de Queux de Saint-Hilaire, p. 22, et *Revue bleue*, p. 53.) Ce ne furent pas les seuls services rendus par les Didot à la Grèce. Typographes et matériel, même la grande imprimerie fondée en 1830 à Athènes, y sont venus de leur maison. (Voy. *ibid.*)

(2) « Mon cher ami,

« Si j'avais des yeux, j'aurais passé la nuit à lire vos charmantes notes ; mais il m'a fallu attendre jusqu'à ce matin pour avoir les yeux d'un autre. J'ai écouté avec un extrême plaisir les deux cents premières pages, et je vous laisse en Égypte où je vous reprendrai bientôt avec l'espérance de revenir avec vous en Grèce. Rien n'est plus naturel, plus animé que vos récits trop rapides. J'avais toujours souhaité de lire un voyage écrit dans

littérature; c'était, si réduite qu'en fût la publication, un acte de propagande. Casimir Périer, qui en avait reçu de M. Didot un exemplaire, ne s'y trompait pas; il lui écrivait :

> Cette narration de votre séjour dans une contrée sur laquelle tous les regards ainsi que tous les vœux se portent en ce moment, ne peut qu'ajouter encore à l'intérêt que la nation grecque inspire et favoriser conséquemment le succès de sa cause sacrée (1).

Là ne se borna pas la sollicitude d'Ambroise Firmin-Didot pour la résurrection de la Grèce. Après le comité institué pour l'affranchir, il avait songé à fonder une société pour l'aider à reprendre sa place dans la civilisation moderne, en répandant chez elle les connaissances accumulées en Europe durant les siècles où elle gémissait sous le joug des Turcs (2); et dans toutes les crises qu'elle eut

ces beaux pays par un jeune lettré qui eût de l'esprit et de l'enthousiasme. Vous m'avez donné ce plaisir. Votre course dans la Troade, votre coup d'œil sur les environs de Constantinople, votre journée sur le mont Olympe, tout cela est rempli de grâce et d'intérêt. J'ai écouté curieusement les funérailles du prince Mouroussi; mais j'aurais voulu savoir si on y prononçait un myriologue, si l'on posait du colliva (?) sur le cercueil, etc. Ne craignez pas les détails, car vous contez à merveille. Ce que vous dites sur la religion mahométane, qui est beaucoup moins brute que la nation turque, est très juste et très piquant. Votre visite à l'imprimerie du Patriarche et à l'imprimerie turque m'a fort intéressé. J'en dis autant de votre visite au Grand Seigneur. Enfin, tout me plaît, par le fond, par la forme, et je ne sais par quel tour vif et vrai qui ne s'apprend pas. Vous avez été trop modeste de faire le livre si court, et de n'y pas mettre votre nom. Je vous finirai demain; et j'entrevois avec plaisir que vous parlerez de Rhodes, de Chios. Je vous remercie mille fois du présent et surtout de l'ouvrage.

« Agréez mon attachement.
« VILLEMAIN.
« Paris, le 16 février 1826. »

(1) *Correspondance inédite* de M. A.-F. DIDOT.
(2) Je lis dans le brouillon d'une note qui se trouve parmi les papiers de M. A. Firmin-Didot :
« Un comité composé d'une partie des actionnaires sera chargé de la

à traverser par la suite, il lui donna des marques du plus vif intérêt. Après l'assassinat du président Capodistrias (9 octobre 1831), le comité avait rédigé pour le gouvernement français une note (on y peut soupçonner la main de son secrétaire) où il montrait l'urgence de mettre un terme à l'anarchie en tirant enfin la Grèce du provisoire qui la tuait (1). La Grèce eut alors son roi et son gouvernement plus ou moins constitutionnel. Trente ans plus tard, après l'insurrection du 23 octobre 1862 qui amena la retraite du roi Othon, M. Didot, craignant le conflit des puissances protectrices dans la désignation de son succes-

direction de l'entreprise. Il désignera les ouvrages à traduire, en prenant l'avis d'un homme de lettres grec, bien informé de l'état et des besoins intellectuels de son pays. Ce comité fixera aussi le taux des honoraires pour les ouvrages faits ou à faire.

« Il sera établi une librairie à Napoli de Romanie et une autre à Corfou. Ces librairies seront fournies de livres grecs, français, latins, etc.

« On invitera dans le prospectus les Grecs instruits à envoyer leurs ouvrages à la Société. Tous ceux qui ont quelque travail achevé et qui sont empêchés, par le défaut d'argent, de le publier, s'empresseront de le céder à la Société. Nul doute que l'existence d'une pareille Société excitera l'émulation et ranimera l'activité des Grecs instruits, dans quelque partie de l'Europe qu'ils se trouvent. »

(1) Projet de note à remettre au ministère, d'après la décision prise par le comité grec dans la séance du jeudi 5 janvier 1832.

Après l'assassinat de Capodistrias, le comité grec, pour retenir aux Hellènes les sympathies qui pouvaient leur échapper, s'efforça d'établir, par la publication de divers documents (*Documents officiels sur l'état présent de la Grèce*), que ce crime avait été un acte de vengeance purement personnelle, et que la nation n'y avait participé en rien. M. Eynard était le plus ardent à défendre la mémoire de l'ancien président; plusieurs de ses lettres se trouvent dans les papiers de M. A. Firmin-Didot, qui était tout gagné à la même cause. C'est à M. Didot qu'est adressée aussi une lettre de jeunes Grecs, en résidence à Paris, qui protestent contre cette publication et défendent l'insurrection de Nauplie. Ils attachaient une importance extrême à ce que le nom de M. Didot ne figurât pas au bas d'une pièce qui la condamnait.

seur, eût volontiers conseillé aux Hellènes de les mettre d'accord, en se formant en république :

Pourquoi, écrivait-il de Sorel le 3 décembre 1862 à M. Platys, la Grèce ne songerait-elle pas à se gouverner par elle-même, en se constituant, comme la Suisse, en États fédératifs avec un président élu tous les cinq ans, et même tous les dix ans et pouvant être réélu? On obtiendrait par là une partie des avantages du principe monarchique, puisque le chef pourrait se perpétuer au pouvoir du moment où sa conduite aurait mérité l'assentiment de la nation à l'expiration de son mandat.

La configuration du sol de la Grèce, divisé en plusieurs parties par des montagnes, semble indiquer cette forme de gouvernement, conforme à ses anciens et glorieux souvenirs. Dans un pays pauvre, et qui le sera longtemps encore, une monarchie avec une cour et tout ce qui s'ensuit est, comme me le disait mon vénérable maître et ami Coray, peu de jours avant sa mort, βαρυδάπανον πρᾶγμα (chose lourdement coûteuse). Il vaut mieux employer ce luxe à doter des écoles et des universités, à faciliter les communications, encourager le commerce, l'agriculture et la navigation et faire refleurir les Lettres, les Sciences et les Beaux-Arts. C'est par là surtout que la Grèce reprendra son rang parmi les nations et obtiendra les sympathies. Elle a fait voir que le courage et l'amour de la patrie, qui lui ont fait exécuter de si grands prodiges en 1825 et lui ont mérité alors l'admiration de l'Europe, vivent toujours chez elle; il lui faut montrer qu'il peut en être de même pour cette autre partie de la gloire de ses ancêtres (1).

Mais notre confrère oublie un peu les rivalités permanentes d'Athènes, de Sparte et de Thèbes, et le trop puissant voisin du nord (je parle du roi de Macédoine) qui intervint pour les pacifier (2).

A l'époque de la fondation du comité philhellénique,

(1) Brouillon de lettre dans la *Correspondance inédite* de M. A. FIRMIN-DIDOT.
(2) Quant à l'histoire intérieure d'Athènes, elle lui suggère, dans les

c'était Firmin Didot père qui était à la tête de la maison, et il était heureux d'avoir pour l'assister des fils qui promettaient de continuer si bien son œuvre : aussi se les était-il associés dès 1819. En 1827, quand il accepta de Nogent-le-Rotrou un mandat de député à la Chambre, il laissa la direction de la maison aux deux aînés, Ambroise et Hyacinthe. La librairie et l'imprimerie ne s'exerçant alors que par brevet, Ambroise eut le brevet de libraire, et Hyacinthe, celui d'imprimeur; mais tous deux étaient liés par une association à laquelle Frédéric, le troisième frère, prêtait son concours. Toute la grande industrie des livres se trouvait alors réunie dans leur vaste entreprise : librairie, imprimerie, stéréotypie, fabrication des papiers et des encres (1). La mort de leur plus jeune frère, qui les secondait en dirigeant particulièrement la papeterie du Mesnil, mort suivie de près par celle de leur père (1836), faisait retomber sur eux une charge qu'ils allégèrent en cédant à

Notes de son voyage en Orient, des réflexions relevées par des comparaisons assez peu démocratiques :

« Les républiques paisibles des abeilles bourdonnent encore sur le Pentélique et l'Hymette, qu'elles habitent, soumises toujours aux mêmes lois; elles ont vu se succéder à Athènes toutes les formes de gouvernement qu'a pu inventer l'inconstance humaine. Trop heureux les Athéniens si, prenant pour modèles dans leur temps de gloire et de prospérité ces nombreux bataillons de grues et de cigognes, soumis toujours à des lois immuables et que j'ai vus, marchant dans le même ordre, se déployer encore sur les débris de la ville de Minerve, ils avaient pu se garantir de cette fureur d'innover qui, forçant ce peuple mobile à chercher un mieux imaginaire, l'a précipité de malheurs en malheurs dans le comble des infortunes, le despotisme d'un peuple barbare! » (*Notes manuscrites*, f° 218.)

(1) L'importance de la maison Didot n'a nulle part été mise plus en lumière que par le chef d'une grande maison de librairie, M. Jules Delalain, dans la notice que j'ai citée. En 1835 avait été fondée au Mesnil une imprimerie succursale de Paris, où les femmes remplissaient toutes les fonctions de typographes.

la Société de fonderie générale de caractères leurs propres ateliers (1840) : cession douloureuse pour eux et qu'ils n'auraient pas faite du vivant de leur père ; car c'était un des fleurons de sa couronne qu'ils détachaient alors et déposaient sur son tombeau.

Notre confrère s'était fait lui-même des titres personnels comme graveur par la création de plusieurs types : l'un d'anglaise cursive, l'autre de caractères grecs destinés à une édition de Tyrtée, et quelques autres de diverses langues : grec, français, russe, etc. (1). Mais cet abandon de la fonderie laissait un champ assez vaste encore à son activité et à celle de son frère (2). Imprimeurs et libraires, que leur fallait-il de plus pour soutenir l'éclat de la maison ?

Ils soutinrent en effet cet éclat par des publications de premier ordre : *l'Expédition scientifique des Français en Morée*, sous la direction de M. Blouet, architecte (3); *les Monuments de l'Égypte et de la Nubie*, par Champollion jeune (4); *le Voyage dans l'Inde*, de Jacquemont (5). Une œuvre dont Firmin Didot avait légué la pensée à ses fils et qu'Ambroise devait avoir surtout à cœur de réaliser, c'est la nouvelle édition du *Trésor de la Langue grecque* d'Henri Estienne. Par là, l'helléniste philhellène payait largement son tribut à la Grèce, et il élevait un monument où s'inscrivaient, unis dans l'accomplissement d'une même œuvre, les

(1) Werdet, notice citée, p. 34.
(2) Librairie, imprimerie, fabrication de papiers mécaniques sans fin, sorte de fabrication inventée par un de leurs parents de la 2e branche, Didot-Saint-Léger, et par eux établie à Sorel et au Mesnil.
(3) *Antiquités*, 3 vol. in-f°, 1831-1835.
(4) 4 vol. in-4° (1835-1845).
(5) 5 vol. in-4°, 1841-1844.

deux grands noms de l'imprimerie française : les Estienne et les Didot. Le grand ouvrage publié par Henri Estienne n'était pas de ceux, en effet, qui peuvent s'achever du premier coup. Créé par la vaste érudition d'un de ces hommes qui commencèrent la publication des textes grecs aux temps modernes, il avait besoin de se rectifier et de se compléter, à mesure que les richesses de l'antiquité grecque furent mises au jour et que la science eut plus de loisir pour les exploiter. Ambroise Firmin-Didot, si helléniste qu'il fût d'ailleurs, n'avait pas eu, comme on le peut croire, la pensée de se livrer seul à ce travail. Il mit à contribution tous ceux qui dans le monde savant avaient autorité en pareille matière, les Ast, les Boissonade, les Hase, les Jacobs, etc. L'ouvrage s'acheva de 1830 à 1865, sous la direction constante de M. Hase, avec la collaboration successive de MM. de Sinner et Fix pour le premier volume, et pour les sept volumes suivants, de MM. Guillaume et Louis Dindorff.

Ce qu'il avait fait pour l'antiquité grecque, il le fit pour le moyen âge en donnant une édition nouvelle du *Glossaire* de Du Cange, grâce à la collaboration active du savant Henschel (*Glossaire latin* et *Glossaire français*), 1840-1850. En même temps il publiait la grande collection des auteurs grecs, avec traduction latine, sous la savante direction de M. Dubner; celle des classiques français, qui a provoqué, par une louable émulation, une autre publication plus considérable encore. Rappellerons-nous de plus les soixante-sept volumes de l'*Univers pittoresque*, qui comprennent, sous ce titre un peu mondain, plus d'une histoire fort érudite, comme la Palestine de Munk; les trente volumes de l'*Encyclopédie moderne*, les quarante-six volumes de la *Biographie générale?* Titre inexact que MM. Didot eurent à subir par arrêt de justice : c'est *universelle* qu'il fallait dire, et qu'ils avaient dit; mais le tribunal y vit une concurrence à une autre biographie universelle en possession du nom. A ce compte, depuis Mezerai, il ne serait plus permis d'écrire un livre sous le titre d'*Histoire de France!* Le public a réformé l'arrêt des juges et fait droit à chacun, en disant : *Biographie Michaud, Biographie Didot.*

Au nombre des grandes publications de la maison Didot, il faut compter le *Dictionnaire de l'Académie Française*. Les frères Didot en donnèrent en 1835 la sixième édition et en 1878 la septième et dernière. Ici, notre confrère n'eut point à exercer d'action personnelle comme sur ses autres grands dictionnaires, le *Thesaurus* d'Henri Estienne et le Du Cange : c'est l'œuvre de l'Académie ; il n'y prêta que son office et sa vigilance d'imprimeur. Mais il ne pouvait pas voir passer sous ses yeux ce travail sans plus d'une réflexion, et les observations qu'il n'avait point qualité pour y joindre, il les voulut soumettre en son propre nom au public. C'est l'objet d'un livre qu'il a publié sous ce titre : *Observations sur l'orthographe, ou ortografie française, suivies d'un exposé historique des opinions et systèmes sur ce sujet depuis 1527 jusqu'à nos jours* (1867, 2ᵉ édition, 1868). Ce n'est pas une révolte contre l'Académie, c'est un appel à l'Académie : il lui dédie son livre. Il sent bien, il déclare, il proclame que rien ne se peut plus faire que par elle : imprimeurs, hommes de lettres, journalistes, tout le monde subit sa loi sans contester. Mais l'Académie a déjà modifié l'orthographe en bien des mots (1). Beaucoup d'autres se-

(1) En 1740, « sur les 18,000 mots que comptait la 1ʳᵉ édition du Dic-

raient à réformer encore (pourquoi, par exemple, écrire *ambitieux* par un *t* et *vicieux* par un *c*?). Ce ne serait que faire un pas de plus dans la voie où l'illustre compagnie a marché d'édition en édition : « Que d'efforts et de fatigues, dit l'auteur, quelques réformes pourraient encore épargner aux mères et aux professeurs, que de larmes à l'enfance, que de découragement aux populations rurales ! Tout ce qui peut économiser la peine et le temps perdus à écrire des lettres inutiles, à consulter sa mémoire souvent en défaut, profiterait à chacun. » Et il soutient aussi la cause de notre langue, lorsqu'il la veut rendre plus accessible aux étrangers : « Faciliter l'écriture et la lecture de la langue nationale, c'est contribuer à la répandre » (pages 3-4). — Un mandarin qui a fait, le mois dernier, à Paris une conférence sur la simplicité idéographique de la langue chinoise, y déclarait que pour lui et ses compatriotes le français était « un véritable casse-tête chinois (1) ».

Port-Royal avait cependant, dès 1660, trente-quatre ans avant la publication du *Dictionnaire de l'Académie*, posé les bases de l'accord de l'écriture et de la prononciation dans ces quatre règles :

1° Que toute figure marque quelque son, c'est-à-dire qu'on n'écrive rien qu'on ne prononce ;

---

tionnaire, près de 5,000 furent modifiés par ces changements ». (*Observations*, etc., p. 12.) Sainte-Beuve, dit M. Didot, est, je crois, le seul qui exige de ses imprimeurs de rétablir l'accent grave aux mots terminés en *ége*. Mais Sainte-Beuve était de l'Académie, il lui fit adopter sa réforme ; et sa réforme, depuis la dernière édition du Dictionnaire, fait loi pour tous les imprimeurs.

(1) Le mandarin Ly-Chao-Pée, secrétaire de la mission chinoise d'instruction publique en France, le jeudi 28 octobre 1886, à l'Institut Rudy. (*Journal des Débats* du 30 octobre 1886.)

2° Que tout son soit marqué par une figure, c'est-à-dire qu'on ne prononce rien qui ne soit écrit;

3° Que chaque figure ne marque qu'un son, ou simple ou double;

4° Qu'un même son ne soit point marqué par des figures différentes (1).

Quoi de plus logique et de plus clair? et comment ces règles ont-elles été si peu suivies? C'est que les langues ne se forment pas comme dans un moule, et la règle vient bien tard pour corriger les caprices de l'usage. Notre grammaire est le champ d'un perpétuel conflit entre le latin qui veut garder son empire et le français qui, tout en s'émancipant sur plus d'un point, est retenu aux liens de son origine, *origine nexus*, comme on disait des serfs. De là ces inconséquences, ces contradictions, ces équivoques, ces bizarreries, ces anomalies, ces superfluités que présente notre orthographe; de là ces difficultés qu'elle jette dans l'écriture, ces pièges qu'elle tend à la prononciation. M. Didot en dresse un tableau à divers compartiments et il réduit à un petit nombre de catégories les réformes qu'il réclame : régulariser l'orthographe étymologique des lettres doubles grecques; supprimer l'*h*, signe de l'esprit rude, et les lettres doubles qui ne se prononcent pas; remplacer l'*y* par l'*i* et l'*x* par l's en certains cas; simplifier la forme des mots composés. Simplifier, c'est là son but, et toutefois, pour mieux guider la prononciation, il est amené à proposer, sinon de nouvelles lettres, au moins de nouvelles applications de la cédille et de l'accent : cédille sous les consonnes (*ţ*), accent sur les consonnes (*ǵ*).

(1) *Observations*, etc., p. 5.

Il est loin d'ailleurs de souscrire aux systèmes absolus de ceux qui voudraient tout réduire à la rigoureuse expression du son dans les mots. S'il invoque l'autorité de Voltaire disant avec sa netteté merveilleuse : « L'écriture est la peinture de la voix; plus elle est ressemblante, meilleure elle est » ; il reconnaît que ce serait une véritable barbarie que d'effacer toute trace étymologique de notre dictionnaire et de porter la phonographie jusqu'à représenter par la simple voyelle *o* les six mots *os, eau, au, haut, ô, oh!* Mais on ne peut pas se dissimuler que cette réforme, réclamée au profit des enfants, dérouterait singulièrement les pères ; et quel désarroi même pour la génération nouvelle à la lecture des ouvrages antérieurs ! Les soumettrait-on à la nouvelle orthographe? réimprimerait-on tous les livres? Ce serait trop de besogne pour les libraires. Mais non. M. Didot ne le demande pas. Il reconnaît que l'Académie est souveraine et n'attend pas d'elle un tel bouleversement dans son empire. Il voudrait qu'elle commençât par quelques petites réformes, et n'ôtât point tout espoir à ceux qui en voudraient davantage; qu'elle leur laissât la porte ouverte, entre-bâillée : « Il suffirait, dit-il, ainsi qu'elle l'a fait quelquefois dans sa sixième édition, et conformément à l'avis de ses cahiers de 1694, d'ouvrir la voie à leur adoption future au moyen de la formule : *Quelques-uns écrivent...* ; ou en se servant de cette autre locution : *On pourrait écrire...* Par cette simple indication, chacun ne se croirait pas irrévocablement enchaîné et pourrait tenter quelques modifications dans l'écriture et dans l'impression des livres. »

L'Académie a répondu par la préface de sa septième édition aux deux points touchés par M. A. Firmin-Didot :

« On n'apprend pas, dit-elle, la prononciation par un dictionnaire, on ne l'y apprendrait que mal, quelque peine qu'on se donnât pour l'exprimer, et les signes qu'on inventerait pour la remplacer seraient le plus souvent trompeurs » ; quant à l'orthographe, elle déclare qu'on n'en saurait faire une dépendance de la prononciation : « L'orthographe conserve toujours un caractère et une physionomie de famille qui rattache les mots à leur origine et les rappelle à leur vrai sens. Une révolution d'orthographe serait toute une révolution littéraire, nos plus grands écrivains n'y survivraient pas. » Et elle s'appuie de l'autorité de Bossuet, qui, en deux mots, tranche la question. Ce n'est pas que notre confrère n'eût pu trouver, dans cette nouvelle édition du Dictionnaire, satisfaction sur quelques articles : doubles lettres grecques, lettres françaises redoublées, mots composés ; mais quand on veut pousser plus loin l'Académie, qu'on lui rappelle son pouvoir, qu'on la presse d'ordonner, elle déclare qu'elle ne sait qu'obéir : « L'usage, dit-elle, fera la loi, l'usage qui tend toujours à simplifier, et auquel il faut céder, mais lentement et comme à regret : *suivre l'usage constant de ceux qui savent écrire*, telle est la règle que propose Bossuet, et c'est conformément à cette règle que l'orthographe s'est modifiée peu à peu dans les éditions successives du Dictionnaire » (p. VIII).

Les observations de M. Didot n'ont donc pas entraîné l'Académie à une révolution semblable à celle qu'opéra, en 1612, dans la langue italienne l'Académie de la Crusca. Il faut attendre que l'usage ait prononcé. Jusque-là nous ne cesserons pas de jouir de ces nombreuses exceptions qui font le plus bel ornement des grammaires françaises.

L'usage! Peut-on se soumettre à sa vieille et traînante routine « dans notre siècle de vapeur et d'électricité (1) »? Les *fonografes* ou *néografes*, comme ils s'appellent, ne l'ont pas pensé; et dès avant la septième édition du Dictionnaire de l'Académie, à la réception du livre de M. Didot, ils se mirent à l'ouvrage. Ils rédigèrent un projet des réformes à faire sans délai, sous ce titre : *Programe oficiel de la nouvèle ortografe adoptée en* 1870 *par le comité santral de la société néografique suisse et étrangère*, et ils le soumirent à M. Didot, en l'invitant à le revoir : le programme ainsi revu et patronné par l'imprimeur ordinaire de l'Académie française, on se chargeait de le répandre, avec l'espoir de le faire adopter du public. Ce programme allait bien au delà des observations qu'il avait soumises à l'Académie; et notre confrère, dans une brochure écrite, cette fois, selon l'*ortografie* qu'il aurait voulu faire adopter, déclina la mission dont on prétendait l'investir : « Elle passerait, dit-il, de beaucoup mes intancions, mon pouvoir et ma posicion eccepcionèle d'imprimeur de l'Académie française (2) ». Il regrette le cercle vicieux où l'Académie semble vouloir se renfermer en déclarant *qu'elle devait se borner à constater l'usage,* quand c'est elle qui règle l'usage, puisque personne en France n'oserait contrevenir à ses lois; mais il estime sans doute qu'il n'en est point ainsi au dehors, car il ajoute : « C'est donc à la Suisse et à la Belgique, libres de se soustraire à ce joug auquel l'habitude

---

(1) *Rapport fait à la Société d'émulation de Roubaix.*

(2) *Remarques sur la réforme de l'ortografie française adressées à M. Ed. Raoux, président du Comité central de la Société néografique suisse et étrangère* (Paris, 1872). Ces remarques avaient paru d'abord dans un plus petit livre intitulé : *Observacions d'Ambroise Firmin-Didot sur l'écrit intitulé : Programe oficiel,* etc. (Paris, 1871, 25 p. in-16).

nous a façonnés, de prandre l'iniciative, à l'exemple de la Hollande aux seizième et dix-septième siècles. » Et déjà il voyait l'insurrection s'organiser à l'étranger. Dans un rapport extrait des mémoires de la Société d'émulation de Roubaix, on lit : « A la nouvelle du projet présenté par M. Didot, un grand nombre de comités se sont aussitôt formés en France, en Angleterre, en Suisse, en Prusse, en Hollande, en Belgique, en Italie, dans le but d'appuyer et d'étendre encore la réforme proposée. »

Ainsi l'invasion menaçait par toutes nos frontières. L'Académie allait être cernée. Anglais, Suisses, Prussiens, Hollandais, Belges, Italiens venaient lui imposer leur orthographe. Mais le péril était moindre qu'il ne semblait; car c'est ici qu'on pouvait dire : « La discorde est au camp d'Agramant. » Comment faire marcher d'accord tant de comités étrangers, même avec un comité *santral*, selon le titre qu'il se donnait et que l'on ne reconnaissait guère? L'insurrection n'est pas très gouvernable de sa nature. M. Didot en put faire l'expérience. Il a grand'-peine à y mettre un peu de discipline. Dans cette brochure que l'on peut considérer comme le résumé pratique de ses *observations*, il rappelle aux principes, il pose des règles : mais ces règles nouvelles comportent encore tant d'*eccepcions*, qu'en vérité on ne saurait faire un crime à l'Académie française de sa réserve (1).

(1) Dès ce moment la révolte intérieure de notre confrère contre la persistance de l'Académie sur certains mots ne se contient pas toujours : « *Abside*, écrit-il dans une note de son *Étude sur Jean Cousin* (p. 101), *Abside* est un barbarisme que perpétue volontairement l'Académie française, bien qu'elle n'ignore ni la signification ni l'origine du mot. L'Académie des Beaux-Arts, dans son Dictionnaire, et aussi tous les architectes, écrivent *apside* et non *abside;* mais, contrairement à leurs manuscrits et à leur volonté, les cor-

L'Académie des Inscriptions et Belles-Lettres n'a pas eu à prendre parti dans ce débat ; et c'est par d'autres livres marqués au coin de la plus saine érudition que M. Didot a pris place dans notre compagnie. Je citerai en premier lieu son *Thucydide* avec traduction et notes ; livre qui, dès son apparition en 1832, reçut les plus honorables suffrages : témoin deux lettres inédites de M. Thiers. L'historien de la Révolution française, au lendemain de la mort de Casimir Perier, à la veille de devenir ministre de l'intérieur, s'était jeté dans l'histoire ancienne et c'est le *Thucydide* de M. Didot qui l'avait mis en goût :

> Je vous remercie de votre *Thucydide*, lui écrivait-il le vendredi 20 juillet 1832. J'en ai déjà lu quatre livres que je trouve parfaitement traduits avec beaucoup de simplicité et de correction.

Et après l'avoir achevé, il allait passer à Xénophon :

> Je tiens toujours au *Xénophon;* vous m'annoncez une grande édition contenant trois textes, c'est beaucoup.

Un lui aurait suffi. M. Didot lui envoya le texte grec :

> Mon cher Monsieur, lui répond M. Thiers, le mercredi suivant, me voici encore à vos trousses. Le *Xénophon* que vous m'avez envoyé n'a que les titres en latin, il est d'ailleurs tout grec, de sorte que je suis comme la cigogne mangeant dans un plat, je n'y puis atteindre. Je désirerais donc que vous eussiez la bonté de me procurer, ou par achat ou par prêt, la traduction de *Xénophon*, française ou latine au moins. Je vous renverrai le *Xénophon* grec et l'*Anacharsis* dont j'ai trouvé un vieil exemplaire dans ma bibliothèque

recteurs d'imprimerie, conformément au Dictionnaire de l'Académie, s'obstinent à changer l'*ortografie* des auteurs. Il n'est aucun lexicographe, aucun imprimeur qui, forcé de se conformer servilement à l'usage imposé par l'Académie, ne regrette ce barbarisme. — Disons que l'Académie, dans sa dernière édition, a montré la tolérance que réclamait d'elle, au moins, M. Didot, et adopté sa formule : Abside. s. f. (Quelques-uns écrivent *Apside*.)

suffisant pour l'usage que j'en veux faire. J'enverrai demain jeudi mon domestique à Paris pour cet objet. Mille pardons de tant de peine. J'ai fini le *Thucydide,* dont je suis fort content (1).

La poésie des Grecs n'intéressait pas moins M. Didot que leur prose. On le peut voir dans sa *Notice sur Anacréon* (1864), où il effleure d'une main légère ce que l'on sait, ce que l'on a dit du poète, ce qu'on a retrouvé, ce que l'on a fait de son œuvre ; étude heureusement inspirée par les souvenirs toujours présents de ces contrées qu'il avait visitées avec tant d'enthousiasme dans sa jeunesse : « C'est, dit-il, sous le climat enchanteur de l'Ionie, c'est dans ces îles fortunées placées entre l'Asie et la Grèce, où de nos jours encore la brise embaumée porte au loin sur les mers le parfum des orangers, que naquit la poésie lyrique. Mais, soumises aux mêmes lois de la fatalité que les chefs-d'œuvre de l'esprit humain, ces îles que de loin je croyais voir s'élever du sein des flots comme des corbeilles de fleurs, ne m'ont offert, quand je les ai visitées, que des rivages devenus stériles sous la triste domination musulmane : les chants d'Archiloque, d'Alcée, de Sapho, de Simonide, ces poètes lyriques que l'antiquité plaçait à côté d'Homère, ne s'y font plus entendre; à peine en reste-t-il un faible

(1) Cette lettre est timbrée de MEULAN, 25 juillet 1832. Notons que le titre du Ier volume de *Thucydide* porte comme les volumes suivants la date de 1833 et que le livre n'est inscrit au journal de la librairie qu'en 1833. C'est probablement un exemplaire de bonnes feuilles que M. Didot aura envoyé à M. Thiers avant la mise en vente. — C'était toujours le phil-hellène que l'on aimait à retrouver dans ses travaux. Benjamin Delessert, en remerciant M. Didot de l'envoi de son *Thucydide,* lui disait (23 décembre 1833) : « Cet ouvrage vous assurera une place distinguée parmi les amis des Grecs. Vous y avez toutes sortes de droits : car vous avez fait tous vos efforts pour faire vivre les vivants et actuellement vous faites revivre les morts. » (*Correspondance inédite* de M. DIDOT.)

écho dans des fragments épars et mutilés » (p. 5) (1).

Au nombre des titres de M. Didot, il faut compter encore l'*Avis de l'éditeur sur le Corpus inscriptionum latinarum*, grande publication dont M. Villemain avait conçu ou accueilli la pensée et que diverses causes ont laissée tomber dans le domaine de l'Allemagne ; un *discours sur Joinville*, l'historien de saint Louis, dont il donna une édition et publia plus tard le texte définitif par les soins de notre confrère M. Natalis de Wailly. En outre, dans cette *Biographie* qu'il ne put pas appeler *universelle*, et qui aurait dû alors prendre le nom de *Biographie des anciens et des modernes* (elle comprend même des contemporains), il inséra lui-même plusieurs articles sur les grands imprimeurs : *Gutenberg*, les *Alde*, les *Estienne* ; les Estienne surtout auxquels les Didot se sentaient unis

---

(1) M. Villemain, à qui sans doute il aimait à communiquer de pareils morceaux, se plaisait aussi à trouver un auditoire dans ses salons pour quelques lectures. C'est ainsi que, répondant à une invitation de M. Didot, il lui dit :

« Mon cher ami,

« Je vous prie de m'excuser ; mes filles devant sortir de leur couvent vendredi matin pour une fête, il me sera impossible de les quitter et d'être chez vous avant 9 heures. Mme Didot m'approuvera ; et pour lire d'une voix claire quelques essais de traduction du grand lyrique grec, il vaut mieux n'avoir pas bu chez vous des vins de Syracuse ou de Chypre. Ne dérangez donc rien, je vous prie. Si vous avez invité quatre ou cinq têtes respectables (et il n'en faut pas plus pour entendre ma *modeste étude* qui ne peut être admise que chez Alde Manuce, Henry Estienne ou vous), j'arriverai exactement, après avoir conduit mes enfants à 9 heures.

« Si cela, au contraire, ne s'accorde pas avec votre première idée, ou si vos convives vous ont manqué, étant pris par les fêtes J. M. *ô hymen, hymænee*, nous conviendrons d'un autre jour.

« Mille affectueux compliments.

« A. VILLEMAIN.

« Ce mardi (... 1859). »

comme par des liens de famille (1). Il s'étend particulièrement sur les deux grands noms de la dynastie, Robert et Henri Estienne (Robert II et Henri II) : Robert Estienne fuyant à Genève pour échapper aux rigueurs de la Sorbonne, Henri Estienne revenant à Paris pour se soustraire aux poursuites du conseil de Genève. On le poursuivait pour avoir imprimé sans autorisation, quoi ? la Bible, le Nouveau Testament, quelques commentaires sur les prophètes ? Non ; mais les épigrammes de l'anthologie grecque, les fastes consulaires de Sigonius. Ce qui prouve qu'il y avait à Genève autant d'intolérance qu'ailleurs et un peu plus d'hypocrisie.

Parmi ces opuscules, il en est un où il montra, sur un sujet qui était bien de sa compétence, toute la sûreté et la sobriété de son érudition : c'est sa *Lettre à M. Egger sur la fabrication et le prix du papier dans l'antiquité* (1857).

Une inscription d'Athènes contenant inventaire des dépenses faites pour la construction de l'Érechtheion, au temps de Périclès (407 av. J.-C.), mentionnait, avec deux tablettes de bois destinées à établir les comptes au prix de 1 drachme (90 centimes), deux feuilles de papier employées à les transcrire et estimées 1 drachme 2 oboles (1 fr. 20), soit quatre fois plus aujourd'hui. M. Egger signala le fait à M. Didot et lui demanda ce qu'il pensait de ce haut prix d'un objet qui semblait de si mince importance. M. Didot, ainsi mis en demeure, reprit en quelques mots la question des matières qui servaient à l'écriture chez les

(1) Un Paul Estienne, encore vivant, descendant direct des Estienne, a été apprenti de Firmin-Didot, et plus tard il a conduit pendant longtemps les presses mécaniques chez MM. Didot. Son petit-fils Henri a été compositeur dans la même maison.

anciens et notamment du papyrus (1). Il ne quitte pas d'ailleurs son sujet sans jeter un coup d'œil sur les révolutions qu'il subit aux temps postérieurs : papier de coton, papier de Damas qui fit concurrence au papyrus sous la domination des Arabes ; papier de chanvre et de lin qui, à partir du XIIe siècle, supprima l'un et l'autre ; papier de chiffon travaillé de main d'homme, papier sans fin produit par les machines : « Au moyen des seules machines de nos papeteries de Sorel et du Mesnil, dit-il, nous pourrions facilement, en moins d'une année, envelopper d'une feuille de papier de près de deux mètres de large la circonférence du globe. »

Si nous avions spécialement à parler de M. Didot comme imprimeur et comme libraire, nous aurions à mentionner encore plusieurs autres séries de livres, et, par exemple, une série de livres illustrés, avec ce caractère que l'illustration même est une œuvre d'érudition ; qu'elle reproduit les échantillons de l'art du temps et qu'au lieu de distraire du sujet le lecteur, elle l'y retient et l'y fait entrer davantage, comme le Joinville et le Villehardouin de M. N. de Wailly et d'autres qui se rattachent au moyen âge ou à la Renaissance, ou même à des temps plus récents (2).

Une chose dut entraîner M. A. Firmin-Didot dans cette

(1) Il fait voir les facilités qu'eut de bonne heure Athènes à le tirer d'Égypte, l'extension que la culture de la plante, si rare aujourd'hui, et la fabrication du papier avaient prise dans ce pays, au temps des Romains; il signale la détresse où Rome se trouva un jour sous Tibère, le papier venant à manquer : on dut nommer une commission de sénateurs pour en faire la répartition au public.

(2) Ajoutons le *Manuel de librairie de Brunet,* et un livre dont la valeur dépasse tout ce qu'on a jamais pu imaginer en fait de propriété littéraire (on l'a pu savoir quand il a été recédé à une société en commandite). l'*Annuaire Didot-Bottin.*

voie, c'est qu'il était lui-même amateur de beaux livres et de belles gravures et s'était formé ainsi, lui libraire, une bibliothèque qui pouvait le disputer en richesse à celles des collectionneurs les plus opulents. C'est là qu'il aimait à recueillir les fruits de son industrie commerciale : placement intelligent entre tous, quand il est fait par un connaisseur habile; capital dont on jouit sans l'épuiser, que les hasards des spéculations n'atteignent pas et qui laisse aux familles des trésors accumulés. Mais ce n'est pas seulement la fortune des familles : « On ne se rend pas assez compte, dit M. Didot à propos d'Alde Manuce, des services immenses rendus à la civilisation par les bibliophiles éclairés dont la passion, incomprise du vulgaire, a sauvé et sauve encore tant de travaux littéraires et artistiques du passé (1).

Ces richesses, d'ailleurs, M. Didot n'en jouissait point en égoïste. Son plaisir, au contraire, était de les montrer aux amateurs capables de les apprécier; il ne les refusait à aucune des expositions, eût-il s'en priver pendant plusieurs mois pour les placer sous les yeux du public. Mais ce n'est pas là qu'il les fallait voir, c'était chez lui, dans la compagnie de l'homme qui en savait si bien les mérites et communiquait aux autres l'enthousiasme dont il était animé. Parmi ces livres, nommons en première ligne le *Missel de Juvénal des Ursins*, manuscrit qui dès le temps du premier possesseur avait déjà une valeur telle que le prélat (2), en le léguant à son successeur, y mettait pour condition des charges dont un simple particulier aurait pu

(1) *Alde Manuce*, p. 50.
(2) Fils de Juvénal des Ursins, prévôt de Paris; ancien archevêque de Reims, patriarche d'Antioche et administrateur de Poitiers, évêque de Fréjus et finalement prieur de Notre-Dame-des-Champs à Paris.

difficilement s'acquitter. « Ce manuscrit grand in-folio, dont la splendeur nous étonne, dit M. Didot, et qui est l'un des plus beaux monuments de l'art français au milieu du XV⁰ siècle, peut être considéré comme une encyclopédie des monuments, des costumes, des meubles, des armes et des instruments de toutes espèces de son époque. » On n'y comptait pas moins de cent quarante grandes miniatures d'une exécution large, quoique d'une grande finesse, présentant ce caractère de naïveté et de simplicité, sans exagération, qui constitue le style français. C'est par ses manuscrits *illustrés,* dit M. Didot, que la France peut revendiquer en peinture la priorité sur la Flandre même et sur l'Italie : « Jusqu'au commencement du XV⁰ siècle, continue-t-il, c'est dans les livres que fut renfermé l'art de la peinture en France. Ces immenses missels ouverts sur les lutrins dans nos églises, et ces grands livres liturgiques où l'or et les couleurs les plus éclatantes brillaient aux yeux de tous, étaient les musées publics d'alors. Dans les familles, les livres d'heures remplaçaient nos galeries de tableaux. C'est ce qui explique le luxe déployé dans l'innombrable quantité de livres à miniatures auxquels les familles consacraient des sommes considérables. C'était en effet un beau luxe que ces *musées* portatifs que chacun, selon sa fortune, cherchait à embellir. »

Mais, entre tous les livres, il n'hésite pas à donner le premier rang à son missel : « Ce missel de Juvénal des Ursins révèle l'histoire intime d'une époque entière. Depuis la peinture la plus large, jusqu'aux peintures les plus microscopiques, tous les genres s'y trouvent réunis et les couleurs y brillent d'un éclat si vif, que quatre siècles n'ont pu l'altérer. »

Au nombre de ces petits tableaux, il y en avait de superbes comme celui de la *Fête de tous les Saints*, « d'un fini tellement précieux, dit notre confrère, qu'il semble que Van Eyck ou, postérieurement à l'époque de notre manuscrit, Memling aurait pu seul l'exécuter » ; d'autres d'un grand style, comme la *Pentecôte*, tableau de maître, qui devance son époque et qui réunit toutes les conditions de l'art ; d'autres aussi, comme l'*Ascension de la Vierge*, d'une si pure et si gracieuse composition qu'Eugène Delacroix le jugeait digne de Raphaël ; et l'auteur inconnu de ce chef-d'œuvre vivait en un temps où était né à peine le maître de Raphaël, le Pérugin ! Toutes ces pièces étaient, même individuellement, d'un tel prix que lorsque le livre fut adjugé à M. Didot, l'expert commis à la vente en témoigna sa joie, car il avait craint qu'une bande noire ne l'achetât pour le *dépecer* et le vendre en détail ; — « en sorte, dit l'heureux acquéreur, qu'un lucre aussi considérable que honteux eût été réalisé par les Vandales qui n'auraient pas craint de commettre un tel sacrilège. » — Hélas ! que n'ont-ils commis ce sacrilège et qu'il nous faut regretter ces Vandales ! Comme au nombre des plus curieuses miniatures, le manuscrit contenait une représentation de la place de Grève et de la *Maison aux Piliers*, ancien et vénérable siège de la municipalité parisienne, M. Didot, qui était du conseil municipal (en un temps où le suffrage universel n'y nommait pas), le céda à la ville de Paris pour le prix qu'il lui avait coûté (1861) : généreuse mais néfaste inspiration ! L'inestimable manuscrit, déposé à l'Hôtel de Ville, y périt dans l'incendie de la Commune.

C'est en 1872 seulement que M. A. Firmin-Didot fut élu membre de notre Académie, preuve bien sensible qu'il ne courait pas après les honneurs. Cet honneur-là lui fut précieux. Il n'était pas heureux seulement d'entrer dans la compagnie d'hommes qu'il pouvait appeler ses collaborateurs; il était fier de voir ce grand art de l'imprimerie si intimement lié à la cause des Belles-Lettres, et associé aux œuvres de l'érudition par les travaux personnels des Estienne (disons aussi des Didot), il était fier de le voir introduit par lui-même à l'Institut, et d'y occuper, lui imprimeur, un fauteuil auprès de ceux où siégeaient encore MM. Egger et Naudet, où siégeaient naguère les Boissonade, les Burnouf, les Hase, les Victor Le Clerc (1). Son idéal eût été d'achever alors une Histoire de l'imprimerie qu'il méditait depuis longtemps. Il y avait préludé par un *Essai sur la typographie* que publia l'*Encyclopédie moderne*, par ses articles sur les plus fameux imprimeurs et par divers essais partiels sur les choses de son art (2). Il s'y était préparé pendant plus d'un demi-siècle en réunissant tant de livres rares, de gravures et d'estampes; et lorsqu'il ne pouvait plus guère espérer d'y mettre la dernière main, il y travaillait encore en publiant de savantes monographies dans cet ordre d'études. Il avait fait paraître en 1863 un *Essai typographique et bibliographique sur l'histoire de la gravure sur bois,* art que Pline a connu

(1) Un banquet lui fut offert à cette occasion, le 20 mars 1873, par plus de cent membres du Cercle de la librairie, sur la proposition de M. J.-B. Baillière. Dans sa réponse aux toasts qui lui furent portés, il rappelle que la librairie et l'imprimerie étaient jadis reliées à l'Université, et il se plaît à y rattacher le titre de membre de l'Académie des Inscriptions et Belles-Lettres, dont la typographie, dit-il, a, pour la première fois, le droit de s'enorgueillir. Il n'oublie pas non plus la réforme de l'orthographe, et il invite ses confrères à peser sur les résolutions de l'Académie.

(2) Voyez l'énumération de ces écrits à leur date dans la *Notice bibliographique* ci-après.

peut-être et qui paraît avoir été employé dans les livres de Varron (1). M. Didot en décrit les procédés, composition, dessin et entaille, et il en retrace les progrès dans les diverses écoles : en Allemagne, en Hollande et en Flandre, en Italie, en France, notamment à Paris et à Lyon. A Paris, il avait trouvé Jean Cousin, orfèvre, peintre, sculpteur, architecte, géomètre, auteur de livres de science et d'art, le *Michel Ange français,* comme on l'a surnommé pour certains rapports avec le grand peintre de la chapelle Sixtine ; et pourtant le grand artiste passa presque inconnu, ou du moins sans éclat, auprès de ses illustres émules, Germain Pilon, Jean Goujon, Bernard de Palissy. M. Didot lui a consacré tout un livre où il veut rétablir les traits à demi effacés de sa biographie et surtout reconstituer, autant que possible, l'ensemble de son œuvre, œuvre considérable : en sculpture, le tombeau de l'amiral Chabot qui est au Louvre, le tombeau de Jacques de Brezé qui est dans la cathédrale de Rouen ; en peinture, le Jugement dernier, toile qui rappelle sur une échelle bien réduite, il est vrai ($1^m,20$ sur $1^m,40$), la grande page de Michel-Ange ; dans l'art des verriers, de splendides vitraux, malheureusement détruits pour la plupart ou mutilés ; et des miniatures, des dessins, des gravures sur bois ou sur cuivre, vignettes de livres imprimés, etc. (2). Mais la

(1) Pline, *Hist. nat.*, XXXV, 11.
(2) M. Didot en a donné de magnifiques échantillons dans une grande publication qui fait le complément de son étude : *Recueil des œuvres choisies de Jean Cousin* (peinture, sculpture, vitraux, miniature, gravure à l'eau-forte et sur bois) reproduites en fac-similé par MM. Adam et St. Pilinski, Aug. Racinet, Lemaire, Durand et Dujardin (quarante planches dont quatre en couleurs) et publiées avec une introduction par Ambroise Firmin-Didot, de l'Académie des Inscriptions et Belles-Lettres. (Paris, 1873, in-8°.)

plupart de ces œuvres ne portent pas le nom de Jean Cousin et il faut qu'à la tradition se joigne l'autorité d'un connaisseur habile comme M. Didot pour l'y inscrire (1).

C'est dans cette même pensée de solidarité entre l'imprimerie et la gravure et pour rendre un pieux hommage à l'art français, qu'il publia, l'année même de sa mort, *les* Drevet (Pierre, Pierre-Imbert et Claude), catalogue raisonné de leurs œuvres, précédé d'une introduction (Paris, 1876). Il y faut joindre un autre livre : les *Graveurs de portraits en France*, catalogue de sa propre collection, précédé d'une introduction où il passe rapidement en revue les principaux auteurs de portraits en Italie, en Allemagne, en Hollande, mais avec une prédilection marquée pour la France. L'excellence de l'art chez le graveur qui, ne disposant pas de la palette du peintre, « réduit à tirer tous ses effets de la combinaison savante du noir et du blanc », sait produire des chefs-d'œuvre, et l'intérêt du portrait au point de vue des études morales et de l'histoire, voilà ce qui a passionné M. Didot pour ce genre de monuments, dont le prix s'accroît par leur réunion même ; cet amour du collectionneur pour la grande famille de ses portraits se traduit, dans le catalogue où il les rassemble, par les détails où il se complaît à les décrire, catalogue rédigé pour lui et ses amis et qui n'a été livré au public qu'après sa mort (2).

Le principal ouvrage de ces dernières années où il

(1) Même son chef-d'œuvre comme sculpteur, le tombeau de l'amiral Chabot, a été rapporté à un autre (maître Ponce), mais cette attribution n'a jamais prévalu. A cette étude sont jointes deux notices sur *Jean Le Clerc* et *Pierre Woeiriot*.

(2) Paris, 1875-1877. — Sur la précieuse bibliothèque et les collections de M. A. Firmin-Didot, aujourd'hui en partie dispersées, il faut se reporter

était devenu notre confrère, c'est un livre où il retrouvait la Grèce, l'objet de ses premières études, *Alde Manuce et l'hellénisme à Venise* : Alde Manuce, le grand imprimeur qui mit le premier au jour les chefs-d'œuvre de la Grèce, les théâtres d'Eschyle, de Sophocle, d'Euripide, d'Aristophane; qui fonda, pour concourir à son œuvre, l'Académie des philhellènes, et qui, par le choix du petit format dans ses éditions, sut si bien trouver le moyen de propager la connaissance de la langue grecque, « la seule, entre toutes les langues, conservée vivante pendant trois mille ans ». — « De nos jours elle se rapproche de plus en plus de ce qu'elle fut autrefois et qui sait, ajoute-t-il avec son enthousiasme toujours jeune, si elle n'est pas destinée à servir de base à une langue universelle? » — C'est un terme où l'on ne paraît guère s'acheminer en France, aujourd'hui.

M. Didot met toute son âme dans ce livre où il retrace l'introduction et les progrès de l'hellénisme en Occident : il suit d'année en année le labeur incessant du grand imprimeur, qui a tant contribué à le répandre. Nulle part ailleurs on ne voit mieux son amour pour cette belle littérature qui a été le principe et qui est restée le modèle de toute littérature chez les peuples modernes. Mais dans ses premiers écrits il était tout à l'espoir de l'affranchissement de la Grèce par la France; ici dès les premiers mots on sent qu'il est sous le poids d'autres pensées, qu'il veut chercher dans ce travail l'oubli des maux dont il a souffert avec la

---

aux catalogues qui en ont été publiés (1877-1884, 7 vol.) par les soins de sa famille et de M. Gustave Pawlowski, lauréat de l'Institut, avec introductions de M. Paulin Paris pour les livres, de MM. Charles Blanc et Georges Duplessis pour les estampes. Voyez aussi les *Manuscrits de M. Didot acquis pour la Bibliothèque nationale,* par M. L. Delisle.

patrie : « L'étude de la vie intellectuelle des nations dans leurs phases successives, dit-il, est toujours plus consolante que le récit de leurs destinées politiques (1). »

Les séances de notre Académie lui offraient aussi une distraction dont il témoignait qu'il sentait tout le prix. Malheureusement son grand âge ne pouvait pas nous laisser l'espérance de le voir longtemps parmi nous. Depuis quelques années, les deux frères s'étaient associé leurs deux fils : M. Alfred, fils d'Ambroise, et M. Paul, fils d'Hyacinthe (1855). En 1868, Hyacinthe Didot s'était retiré, suivi en 1875 par son fils. Ambroise resta jusqu'à la fin, ayant à ses côtés son fils Alfred et lui préparant un auxiliaire dans un de ses parents, M. Magimel, petit-neveu de sa propre mère (1). Il était donc toujours à la tête de sa maison quand la mort l'atteignit le 22 février 1876. — Deux heures avant de mourir, ayant rempli ses devoirs religieux et près d'entrer en agonie, les yeux éteints déjà, il traçait encore au crayon, sur une feuille de papier, ces mots : « Prendre *Fuite en Égypte, Annonciation*, Martin Schœn, pour mettre... » Il voulait dire de prendre dans sa bibliothèque ces deux gravures de Martin Schœn pour les reproduire dans la *Vie de la Sainte Vierge*, qu'il publiait alors : dernier acte de l'imprimeur et du chrétien.

Il n'est personne dans notre compagnie, et l'on peut dire

---

(1) M. Didot avait donné un premier aperçu de son travail sur Alde Manuce dans la *Revue de France*, janvier 1875, sous ce titre : *la Renaissance de l'hellénisme et Alde Manuce* (tirage à part, 38 pp., in-8°). C'est au fond l'introduction de son livre, qui parut presque en même temps. M. A. Quantin, alors prote de l'imprimerie de M. J. Claye, en a rendu compte dans un rapport lu à l'Assemblée générale de la Société des protes de Paris, le 4 avril 1875 (tirage à part, 25 pp., in-8°).

(2) Denise Magimel, nièce de Magimel, échevin de Paris.

dans l'Institut tout entier, qui n'ait connu M. Ambroise Firmin-Didot et n'ait gardé le souvenir de cette douce et aimable figure que les ans avaient pu fatiguer, sans lui rien ôter de son charme et de son expression sympathique, car c'était bien le reflet de son âme. Simple dans sa vie privée, malgré sa grande fortune, bon pour ses ouvriers, pour ses nombreux auxiliaires, serviable à tous, affable à tous, il gardait dans ses rapports avec le monde savant où il avait sa place, une modestie qui n'enlevait rien à son mérite. Dénué de toute ambition, il connut pourtant les distinctions et les honneurs : c'eût été en diminuer le prix que de ne pas l'en revêtir; c'eût été nuire à la chose publique, car plusieurs avaient des charges dont nul n'était mieux en mesure de s'acquitter (1). Il avait été l'un des fondateurs de l'Association des études grecques : la Grèce, l'objet de sa première passion, lui était toujours chère ; et elle le payait de retour. En 1839, quand il rendit visite, avec sa femme, à cette terre dont il avait été un si chaud défenseur, il y reçut un accueil enthousiaste : plus tard, une rue d'Athènes reçut son nom, et quand il mourut, le ministre de Grèce regarda comme un honneur et comme un devoir d'assister à ses funérailles. Notre compagnie avait la bonne fortune d'y être représentée par notre doyen actuel, M. N. de Wailly, qui, dans un langage ému, retraçant à grands

---

(1) C'est ainsi qu'on le vit tour à tour membre de la Chambre de commerce (1827), du Conseil des manufactures, du Conseil général de la Seine, sous la seconde République et sous l'Empire; président de la Chambre des imprimeurs, du Cercle de la librairie, président honoraire de la Société des correcteurs; membre du jury des Expositions universelles de Londres (1851) et de Paris (1855) où il obtint la médaille d'or. Chevalier de la Légion d'honneur en 1825, il fut promu au grade d'officier, à la suite de cette dernière Exposition.

traits les mérites du savant, les services de l'éditeur, les titres mêmes du collectionneur éclairé dont la sollicitude ne travaille pas seulement pour soi-même, nous montra, au-dessus de tout cela, l'éminente qualité de notre confrère : cette bonté, reflet de la charité divine, qui fait trouver grâce devant Dieu, et demeure, après tout, le meilleur titre de recommandation parmi les hommes. Le nom du savant éditeur est assuré de vivre, transmis à la postérité par les ouvrages de choix sortis de sa maison. Son image, sous ces traits où s'unissait à la bonté la sérénité d'une heureuse vieillesse, restera toujours gravée au fond de nos cœurs

BIBLIOGRAPHIE

DES PUBLICATIONS

DE M. AMBROISE FIRMIN-DIDOT

Souscription française en faveur des Grecs. (Appel, signé A. F. D. Paris, 1820.) 3 pp. in-8.

Notes d'un voyage fait dans le Levant en 1816 et 1817. (Anonyme.) Paris (1826), in-8.

Réponses aux questions soumises par MM. les membres de la Chambre du commerce de Paris à M. Ambroise Firmin-Didot,... sur la situation de la librairie, de l'imprimerie, de la fonderie des caractères et de la papeterie. Mars 1831, 30 pp. in-8.

Introduction, en tête du *Thesaurus græcæ linguæ* de H. Estienne. Paris, 1831, in-fol.

Histoire de la guerre de Péloponèse, par Thucydide; traduction française par M. Ambroise Firmin-Didot, avec des observations par MM. de Brussy et A. Firmin-Didot. Paris, 1833, 4 vol. in-8. — Nouvelle édition, 1872-79, 3 vol. in-8.

Discours prononcé par M. A. Firmin-Didot,... ancien membre de la Chambre du commerce, le 13 janvier 1836, dans la séance générale des Conseils du commerce, de l'agriculture et des manufactures, sur la Question des primes de librairie. (Paris, 1836) 15 pp. in-8.

Notes sur la propriété littéraire et sur la répression des contrefaçons faites à l'étranger, particulièrement en Belgique. (Paris, 1836) 15 pp. in-8.

Avis de l'éditeur sur la publication du CORPUS INSCRIPTIONUM LATINARUM. (Extrait du procès-verbal de la séance du 10 juillet 1843 de la Commission d'épigraphie.) 4 pp. in-8.

Discours prononcé le 5 décembre 1849 au banquet offert aux membres du Cercle de la librairie, etc., qui ont obtenu des récompenses à l'exposition de 1849. (Paris, 1843) 8 pp. in-8.

Essai sur la typographie. Extrait du tome XXVI de l'*Encyclopédie moderne.* Paris, 1852, 405 pp. à 2 col. in-8.

L'Imprimerie, la Librairie et la Papeterie à l'Exposition universelle de Londres en 1851. Rapport fait au nom du XVIIe jury. Paris, Imprimerie impériale, 1853; 2e édit., 1854, 142 pp. in-8.

Compte-rendu de l'ouvrage d'Auguste Bernard : *De l'Origine et des débuts de l'imprimerie en Europe*, dans l'*Athenæum français* du 9 juillet 1853, 20 pp.

Discours prononcé sur la tombe de Pierre Didot, le 2 janvier 1854. Extrait du Journal de la librairie. 2 pp. in-8.

Examen comparatif des notices composées par des auteurs dont les écrits sont tombés dans le domaine public et qui sont incriminées comme étant copiées textuellement dans la Biographie générale Didot. Paris, 27 pp. in-4.

Du Droit d'octroi sur le papier. Considérations présentées par M. A. Firmin Didot au Comité du Conseil municipal dans la séance du 25 janvier 1855 relativement à la demande faite par M. le Préfet de la Seine au Conseil municipal dans son mémoire du 12 janvier 1855. (Paris, 1855) 20 pp. in-8.

Souvenir d'une excursion à Boulogne-sur-Mer, les 10 et 11 juin 1855 (contenant le Discours prononcé par M. Didot à l'arrivée du lord-maire de Londres). (Paris, 1855) 7 pp. in-8.

Discours prononcé à la cérémonie de la pose de la première pierre pour la reconstruction de la Sorbonne (dans le *Moniteur universel* du 14 août 1855).

Sur le prix du papier dans l'antiquité. Lettre de M. Egger à M. A. Firmin-Didot et réponse de M. A. Firmin-Didot. Extrait de la *Revue contemporaine.* Paris, 1857, 22 pp. in-8.

Les Alde Manuce, les Estienne, Gutenberg, Stanhope, Thucydide, etc., dans la *Nouvelle Biographie générale.* (Il y en a des tirages à part.) Paris, 1858 et suiv.

Missel de Jacques Juvénal des Ursins, cédé à la Ville de Paris le 3 mai 1861 par Ambroise Firmin-Didot, membre du Conseil municipal de Paris, etc. Paris, 1861, 56 pp. in-8.

Observations présentées à la commission de la propriété littéraire et artistique. Paris, 1862, 16 pp. in-8.

Essai typographique et bibliographique sur l'histoire de la gravure sur bois, pour faire suite aux Costumes anciens et modernes de César Vecellio. Paris, 1863, 1 vol. in-8 de 315 col.

Notice sur Anacréon. Paris, 1864, 62 pp. in-8.

Odes d'Anacréon, traduction d'Ambroise Firmin-Didot. Paris, 1864, in-16.

Société des correcteurs. Assemblée générale du 1er novembre 1866. *Discours de M. Didot, président honoraire.* Paris, 1866, 27 pp. in-8.

Discours prononcé sur la tombe de A. Noël des Vergers, correspondant de l'Académie des inscriptions et belles-lettres, le 9 janvier 1867. Paris, 1867, 7 pp. in-8.

Catalogue raisonné des livres de la Bibliothèque de M. Ambroise Firmin-Didot. 1re livraison : Livres à figures sur bois, Solennités, Romans de chevalerie. Paris, 1867, 4 pp. et 384 col. in-8.

Observations sur l'orthographe ou ortografie française, suivies d'un exposé historique des opinions et systèmes sur ce sujet depuis 1527 jusqu'à nos jours. Paris, 1867, 253 pp. in-8 ; 2e édition, Paris, 1868, 485 pp. in-8.

Essai sur l'orthographe des mots composés. Paris, 1867, 29 pp. in-8. (Extrait de l'ouvrage précédent.)

Résumé des observations sur l'orthographe, présentées à l'Académie française. (Paris, 1867, 16 pp. in-8°.)

Propositions soumises à la Commission du Dictionnaire de l'Académie française, 16 pp. in-8.

Les Avantures de Télémaque, livre Ier (spécimen des changements *ortografiques* proposés). 29 pp. in-8.

L'Imprimerie à Paris, chapitre dans *Paris-Guide,* Paris, 1867, t. Ier.

Discours prononcé à la distribution solennelle des prix du Collège municipal Rollin, par M. Ambroise Firmin-Didot, membre du Conseil municipal du département de la Seine, président. Paris, 1868, 15 pp. in-8.

Société des correcteurs. Discours de M. A. F.-Didot, président honoraire. Paris, 1868, 23 pp. in-8.

Discours prononcé à la distribution de prix d'encouragement aux apprentis de la papeterie. Extrait de l'*Union nationale du commerce et de l'industrie* du 9 février 1870. Paris, 1870, 20 pp in-8.

Études sur la vie et les travaux de Jean, sire de Joinville, 1re partie, accompagnée d'une notice sur les manuscrits de Joinville, par M. Paulin Paris, membre de l'Institut. Paris, 1870, 232 pp. in-8. (Ces dissertations, successivement modifiées, figurent en tête de quatre éditions des *Mémoires* de Joinville, données par M. Francisque Michel, 1858-1871.)

Credo de Joinville, fac-similé d'un manuscrit unique, précédé d'une dissertation par M. Ambroise Firmin-Didot et suivi d'une traduction en français moderne par le chevalier Artaud de Montor (2e partie des Études sur Joinville). Paris, 1870, in-8.

Essai de classification méthodique et synoptique des Romans de chevalerie inédits et publiés, 1er appendice au Catalogue raisonné des livres de la bibliothèque de M. Ambroise Firmin-Didot. Paris, 1870, in-8.

Des Apocalypses figurées, manuscrites et xylographiques, 2e appendice au Catalogue raisonné des livres de la Bibliothèque de M. Ambroise Firmin-Didot. Paris, 1870, 79 pp. in-8. (Curieuse dissertation d'exégèse biblique.)

Observacions sur l'écrit intitulé : Programe oficiel de la nouvèle ortografe, adoptée en 1870 par le Comité santral de la Société néografique suisse et étrangère. Paris, 1871, 25 pp. pet. in-12; 2e édit., 1871, 32 pp. in-16.

Remarques sur la réforme de l'ortografie française adressées à M. Ed. Raoux, président du Comité central de la Société néografique suisse et étrangère. en Réponse au programe oficiel du comité central. Paris, tipografie d'Ambroise Firmin-Didot, 1872, 68 pp. in-8.

Etude sur Jean Cousin, suivie de notices sur Jean Le Clerc et Pierre Woeiriot, ornée d'un portrait inédit de J. Cousin, etc. Paris, 1872, XII-306 pp. in-8.

Recueil des œuvres choisies de Jean Cousin : peinture, sculpture, vitraux, miniatures, gravures à l'eau-forte et sur bois, reproduites en fac-similé, avec une introduction. Paris, 1873, in-fol.

Discours de M. Didot, prononcé au banquet qui lui a été offert le 20 mars 1873, à l'occasion de son élection à l'Institut. Paris, 1873, 22 pp. in-8.

La Renaissance de l'hellénisme et Alde Manuce. Extrait de la *Revue de France*. Paris, 1875, 38 pp. in-8.

Alde Manuce et l'Hellénisme à Venise. Paris, 1875, LXVIII-647 pp. in-8, avec portraits et fac-similés.

Les Drevet (Pierre, Pierre-Imbert et Claude). Catalogue raisonné de leur œuvre, précédé d'une introduction. Paris, 1876, XLV-136 pp. in-8, avec portrait.

Les Graveurs de portraits en France. Catalogue raisonné de la collection des portraits de l'École française appartenant à A. Firmin-Didot, précédé d'une introduction; ouvrage posthume. Paris, 1875-1877, 2 vol. in-8, XVI-356 et 565 pp.

Paris. — Typographie de Firmin-Didot et Cie, 56, rue Jacob. — 20481.

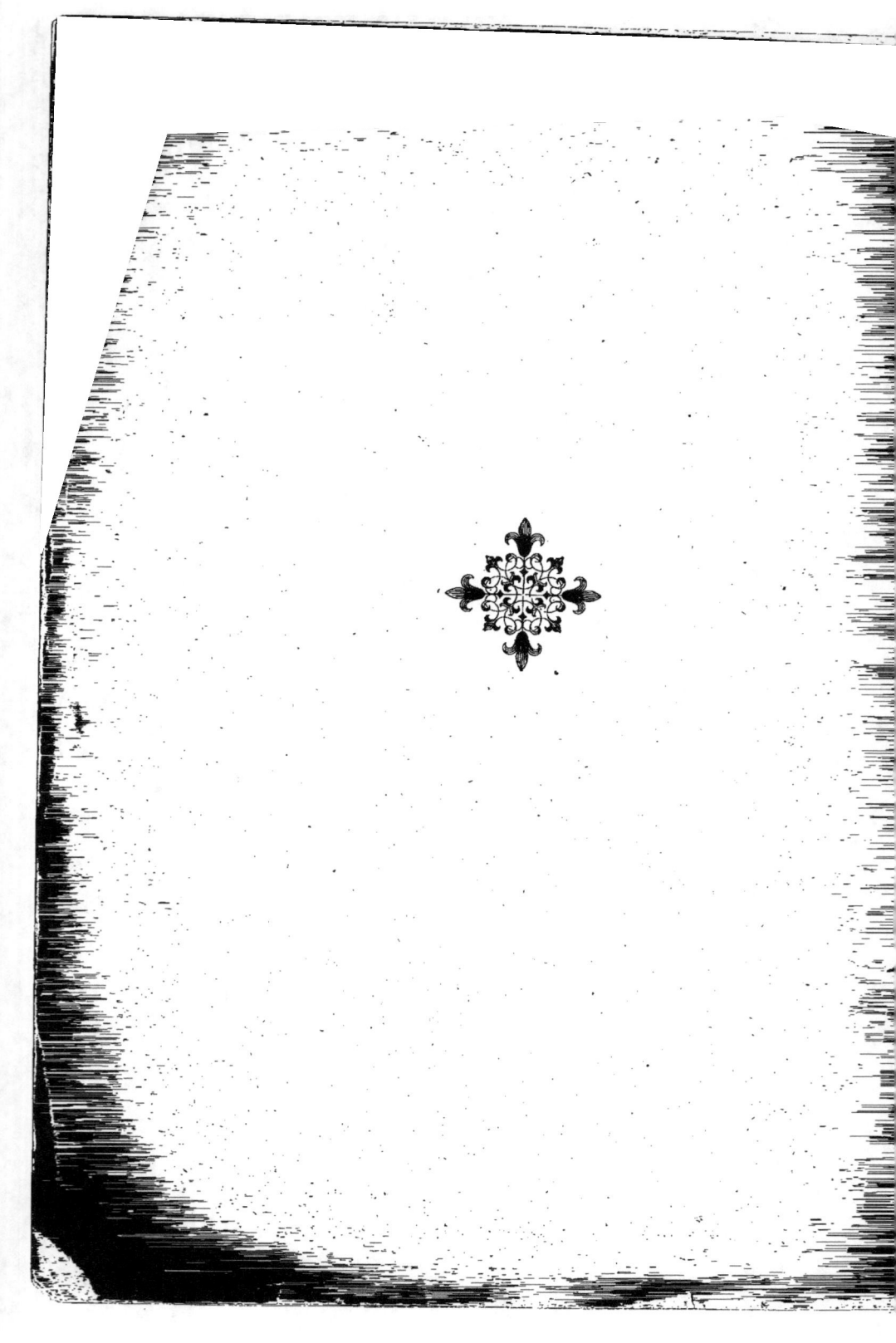

www.ingramcontent.com/pod-product-compliance
Lightning Source LLC
LaVergne TN
LVHW020043090426
835510LV00039B/1389